PRESS

C. A. PRESS

# DESCUBRE CÓMO HACERSE RICO
# A TRAVÉS DEL ZODIACO

**Andrea Valeria**, mexicana de madre alemana y padre rumano, comenzó sus estudios en psicología en Inglaterra pero terminó graduándose en comunicación, y ahora es una de las astrólogas más renombradas del mundo hispanohablante, con treinta y cinco años de experiencia. Ha escrito catorce libros de astrología en español e inglés, algunos de los cuales han sido traducidos al ruso y al portugués, y es una reconocida figura de la radio y la televisión. Su primer libro con Penguin Group, *El poder de tu cumpleaños: 366 días de revelaciones astrológicas y astronómicas*, ha sido un bestseller mundial. Ella no se cansa de decir que la astrología es la parte poética de la astronomía, y sabe que Galileo Galilei diría lo mismo, por eso escribió este libro. Andrea divide su tiempo entre Cuernavaca, México, y Nueva York.

# DESCUBRE CÓMO
# HACERSE RICO
# A TRAVÉS DEL
# ZODIACO

* * *

## Andrea Valeria

**PRESS**

C. A. PRESS
Penguin Group (USA)

C. A. PRESS

Published by the Penguin Group
Penguin Group (USA) LLC
375 Hudson Street
New York, New York 10014

USA | Canada | UK | Ireland | Australia | New Zealand
India | South Africa | China
penguin.com
A Penguin Random House Company

First published in Mexico as *Todos queremos un poco más de...dinero* by
Martínez Roca México, 2001
This revised edition first published in the United States of America by
C. A. Press, a member of Penguin Group (USA) LLC, 2013

ISBN 978-0-14-242689-0

Printed in the United States of America
10  9  8  7  6  5  4  3  2  1

# Contenido

# Agradecimientos

A ellos y a ellas, quienes han decidido que quieren un poco más de lo que sea; y para ellas y
ellos que les guste la canción que lleva el mismo títu-
lo de este libro, agradezco su presencia en este maravilloso mundo. Para Erik Riesenberg, Carlos Azula,
Diane Stockwell, y la sapiencia Maya que tanto interés por lo esotérico nos regaló en el 2012 que a veces
nos sentimos felices al tener un poco más tiempo
para leer y aprender un poco más.

Un abrazo virtual para la genial Margarita Sologu-
ren que siempre sabe como sacar de apuros a quien
lo necesita y nos comprueba que su signo (Virgo), si
es el de los perfeccionistas. Y para la recién llegada
Odelia Sarah, a quien espero ver en el año 2032, con
un ejemplar de este libro en sus manos, y la certeza
de saber que desde que nació, la quiero mucho.

**Andrea Valeria**

# ESTO NO ES UNA INTRODUCCIÓN

E l más interesante y único querido de mis seis padrastros, Norbert Guterman, traductor con un acervo de 11 idiomas en su cerebro, (entre ellos, el Griego clásico y el Ruso), amigo de Einstein, campeón de ajedrez y abuelo de mis hijos, decía que nadie lee las introducciones, y si las leían, tendrían que hacerlo después de haber leído gran parte del libro. Hasta la fecha, sigo el sabio consejo de quien en el año 2012 tendría 112 años. Uno menos que yo. Pero yo soy mentirosa, y el no lo era.

Freud tiene una explicación magnífica sobre el dinero, pero les dejo a ustedes la tarea de buscarla, leerla, y acomodarla a su propio gusto.

Me gusta más lo que dijo Benjamín Franklin;

*"El uso del dinero es la única ventaja que hay en tenerlo"*... aunque como siempre, los poetas dicen maravillas; como Ralph Waldo Emerson con su frase; *"El dinero frecuentemente cuesta demasiado"*...

Freud, era de signo Tauro; Benjamín Franklin, Capricornio y el poeta Géminis. Lean sobre estos tres signos y hagan sus apuestas... porque en este libro encontrarán datos, trucos, modos de ver, y consejos astrológicos para que la búsqueda y el encuentro de un poco más de dinero sea algo creado y manipulado para ahorrar al gusto de cada quien.

Con el uso de su libre albedrío y unos trucos estelares. Y esto, porque la astrología verdadera, la de los *astrologistas* como Andrea Valeria, no debe decirte "que hacer", sino mostrarte lo que tu puedes hacer con tu fuerza cósmica personal, poniéndo la cantidad correcta de polvo de estrellas mágicas para triunfar.

| | | | |
|---|---|---|---|
| Aries | ♈ | ♎ | Libra |
| Tauro | ♉ | ♏ | Escorpión |
| Géminis | ♊ | ♐ | Sagitario |
| Cáncer | ♋ | ♑ | Capricornio |
| Leo | ♌ | ♒ | Acuaqrio |
| Virgo | ♍ | ♓ | Piscis |

Hay quienes dicen que las únicas dos cosas inventadas por el hombre que nos distinguen cualitativamente de los animales son:

LA PALABRA y EL DINERO.

Parece que sobre este planeta, en cuanto haya humanos, ambas palabras se juntan, porque las bellas palabras, cuando son dichas con el deseo de obtener *más de algo*... sueños, amores o dinero en el orden que quieran... se convierten en un sortilegio que cada quien se imagina suyo. Propio y único.

Como el ejemplo del amor y la pasión de Angelie Jolie, (de signo Géminis) y Brad Pitt, (nacido Sagitario), que era un sueño para sus millones de seguidores, y ahora se convirtió en un millonario diamante de doscientos cincuenta millones de dólaras. Regalo que el escogió darle como muestra de su amor. Se habrán dicho un poco más, el uno al otro?

Dependiendo de tu signo astral, lo puedes analizar como algo que quisieras que te sucediera, o verlo como un dato más de la realidad material rampante y pasajera, que acontece cuando quien puede, quiere y tiene.

Así, espero que cada uno de ustedes con ganas de un poco más de dinero, (me incluyo), encontrará algunos secretos milenarios mediante claves que aparecen al margen de cada capítulo de este libro.

Don Juan, en un acto de elocuencia fantástica, le comenta a su fiel sirviente Leporelo, que prefiere dejar de comer, nunca más respirar y perder el propósito de su vida... aunque bien rico si era... si tuviera que dejar de amar a las mujeres: *che una sola é fedele*, verso l´attre crudele... (quien es fiel a una sola, es infiel a todas las demás) dice.

En la ópera de Mozart, *Don Giovanni* (considerada como la ópera prima mundial), inspirada en todos los don JUANES, desde Tirso de Molina, Antonio y el Tenorio de Zorrilla etc., siempre aparece como el amante perfecto: conquistador... quien hace alusión a dos cosas. El amor y el dinero.

> *¿Qué es valor?*
>   *Lo que quieras.*
> *¿Qué es utilidad?*
>   *Lo que quieras.*
> *¿Qué es precio?*
>   *Lo que pagas en dinero por valor y utilidad.*

Esto, escrito por James Buchan, es quizá una de las mejores descripciones de lo que es el dinero. Tu, siempre decides. Decides lo que pagas... por lo que quieres. Y así, decides gastar en algo.

Todos queremos siempre un poco más de algo. Algunos queremos un poco más de todo. Y no hay quien no se merezca lo que quiera... lo difícil es conseguirlo, planearlo, amaestrarse para ponerlo a buen uso, y quizá repartir algo de lo que tienes, porque siendo tantos en el mundo, con tantísima discrepancia entre los que tienen y los que no tienen, quien no reparte vive en el medioevo de su propia persona.

Este libro no lleva una llave maestra para que de inmediato su cuenta de banco se multiplique como por arte de magia. Lo que si puede pasarles es que al leer algo de *Descubre cómo hacerse rico a través del zodiaco*, aunque no aparecerán indicaciones sobre casas de bolsa, bancos, inversiones, *hedgefunds* o como reconocer el billete de lotería que ganará millones de dólares, euros o lingotes de oro. Despertará una consciencia que les haga comprender que a partir del 2012, tenemos que cambiar. Eso es lo que vieron los Mayas.

Necesitamos darnos cuenta de que si tenemos más, tenemos que dar más, porque hay demasiados que tienen mucho menos, y a veces, nada. Y dar forma parte de tener. Si no, tracionas tu posición en el mundo. Y allí si, los Mayas sabían un poco más de cosas que nosotros aun no comprendemos.

No soy maga. Soy astrologista, y tengo la absoluta seguridad que al conocer un poco más tu propio signo astrológico, te acercas a las sabias palabras de Sócrates, quién decía... CONÓCETE A TI MISMO. Tu propio signo cósmico siempre será un buen amigo y el mejor de todos los signos.

Les puedo recomendar libros sobre el dinero y las cuentas, y algunos cuentos, como el de Adam Smith, Pierre Joseph Roudhon, o de Sir Walter Scott... (nacido Leo), inglés explorador, cojo, convertido en escritor y quizá la primera persona de la historia quien se hizo rico, más bien millonario, con la venta de libros escritos por él, relatando sus aventuras internacionalmente históricas.

Cierto es que J.P.Morgan, (nacido Aries), fundador de Morgan Stanley, tenía un astrólogo de cabecera, y decía que ser millonario era fácil, pero para ser billonario, había que tener un astrólogo trabajando a tu lado siempre.

Comienzen con este libro, y luego ya sabrán si se buscan su astrólogo...

En este libro quizá verás el dinero de otra manera... como si fuera un pariente con brazos, pies, cabeza y ojos. Para que tu, a la vez, te acerques a la personificación que tu has hecho del dinero y te hagas su amigo de la mejor manera que tu consideres posible. Con resultados por supuesto, de alcanzar siempre... un poco más...

# EL EFECTO JÚPITER

Júpiter es el planeta más grande de nuestro sistema solar. Tarda 11.86 años en viajar alrededor del Sol y da la vuelta sobre su propio eje en casi 10 horas (9.91 con exactitud). Tiene 16 satélites y se encuentra a 778.3 millones de kilómetros del astro rey. Galileo se deleitaba estudiando a Júpiter con telescopios que él mismo construía. Júpiter puede verse en el cielo nocturno sin telescopio, pero si se emplea este artefacto se verá su impresionante mancha roja, más grande que el planeta Tierra (se cree que es una tormenta milenaria). Júpiter es 318 veces mayor que la Tierra y tiene un campo magnético fortísimo. Fue bautizado por nuestros antepasados como el dios supremo: Zeus, Marduck en la Babilonia antigua; en la astrología china, Júpiter es el gran legislador divino. *Cuando Júpiter pase al oeste, habrá morada segura; cuando Júpiter brille con fulguración, habrá abundancia*, son palabras traducidas de tablillas asirias, legados de 668 a.C. Júpiter es el arquetipo precristiano del *grial y de la maza*. Sería muy fácil llenar un libro completo de datos históricos sobre los mitos relacionados con Júpiter; casi todos tienen rasgos tan humanos como los escritores quisieron darles y muchas propiedades humanas de estos semi-dioses emparentados con Júpiter se fraguaron de acuerdo a las propiedades del planeta. Júpiter es magnánimo, bondadoso y concede prestigio, galanura, gloria (y con suerte) genialidad. Olaf Roemer (1644–1710) matemático danés, fue el primer científico en encontrar la velocidad de la luz al notar al tiempo de un eclipse de una luna de Júpiter reflejada en su superficie. 320 años después (en 1995) el doctor Odenwald encontró la evidencia que le permitió escribir sobre una importante conexión entre las líneas magnéticas y los vientos solares entre la Tierra y Júpiter, cuyas influencias cobran importancia cada 13 años. Los rayos cósmicos de Júpiter pueden llegar a la Tierra casi a la misma velocidad de la luz (nada puede viajar más rápido que la luz). En el mundo astrológico Júpiter representa el principio de crecimiento y expansión y las experiencias que ensanchan los horizontes de una persona. Júpiter tiene que ver con el desempeño, los valores y los conceptos acuñados por la sociedad.

Por algo le dicen a Júpiter *el noble gigante*. En el lenguaje astrológico, Júpiter tiene relación con nuestro sentido social, la facultad para sacar un mejor provecho de toda vida en común y el poder sobrevivir además de aumentar el bienestar. La palabra *además* y *más* le pertenecen así como el sentido religioso, considerado como una extensión de ese *algo* que une a la humanidad. Júpiter nos expande, nos ayuda a fluir y a tener intercambios tangentes, a rezar, desarrollarnos, comercializar y compartir. En suma a buscar el equilibrio. En el organismo humano, Júpiter vela por el quehacer del hígado donde, por cierto, creían los antiguos griegos residía el alma.

Del *Diccionario de los símbolos*: "Júpiter es el soberano ordenador y regulador de los bienes para cada uno de los humanos". Cuando quieras pedirle al cielo por la dignidad del hombre, invoca a Júpiter en tus rezos.

Cada uno de los signos del zodiaco tiene a Júpiter puesto en relación con su propio signo. Básicamente permite o ayuda (cada quien escoge) a: *ensancharse el gusto, echarle más crema a sus tacos además de obtener una mayor proporción de algo del universo.* Júpiter se divierte ayudándote a prosperar o a incrementar aquello que consideras necesario para obtener *un poco más.* Júpiter nunca te limita, tú te limitas. Por esto, al final de cada capítulo encontrarás un bosquejo de acuerdo con tu signo astrológico. Considera lo dicho por el señor C.C. Colton; "Para conocer los dolores del poder, debemos acercarnos a quienes lo tienen; para conocer el placer debemos acercarnos a quienes lo desean". También hay que agradecer la prosperidad que Júpiter, a veces, nos confiere, pensando en la frase: "Un beneficio nunca puede perderse". Y habrá que compartir lo aprendido entre todos (los Aries, los Tauro, los Géminis, los Cáncer, los Leo, los Virgo, los Libra, los Escorpión, los Sagitario, los Capricornio, los Acuario y los Piscis). Así como los elementos se transformaron (hidrógeno, helio, oxígeno, carbono, neón, nitrógeno, magnesio, hierro y azufre, los diez elementos más abundantes del universo) en aire, agua, tierra y fuego; no será difícil, con la ayuda de Júpiter, que nosotros los renovados, cada Aries, Tauro, Géminis, Cáncer, Leo, Virgo, Libra, Escorpión, Sagitario, Capricornio, Acuario y Piscis, logremos convertir los dones en más de lo que sea nuestra voluntad. Tengo fe en que eso siempre será, simplemente, *un poco más.*

Enhorabuena y gracias.

# ARIES

Clave
*Misión cumplida*

**Del 21 de marzo hasta el 20 de abril**

*"La victoria le llega a quien sabe
no simplemente qué hacer,
sino cuándo hacerlo"*
ATILA

## JUGADA

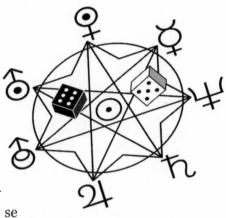

E n abril de 1994 dos jó-
venes recibieron su doc-
torado en una nueva modali-
dad que tiene que ver con la
mente y la economía. Esta importante novedad académica se
llama economía conductista, y el hecho de que el
precursor de esta nueva llave para *amaestrar ese poco
más* de lo que todos queremos se haya graduado, en
otras palabras, haya recibido las llaves de un futuro
mejor durante el mes del primer signo del zodiaco,
es quizá la más pura coincidencia. Por lo menos así
lo voy a presentar, pues Aries es quien entra con brío,
cambia el mundo, se atreve, regala energía y al mismo
tiempo comprende mejor que todos los demás signos
lo dicho por el filósofo Platón: "La conducta humana
fluye de tres fuentes originales: deseo, emoción y conocimiento". Aries está lleno de deseo, tiene para
regalar y repartir, aunque a veces se olvida de quedarse con ese poco más para sí, específicamente
cuando de emociones se trata.

La vida de Casanova, el gran amante histórico
(signo Aries) amó y sufrió como cualquier ser humano, es una interesantísima amalgama de amores,
aventuras, éxitos, fracasos y salidas ingenuas; además, no había mujer que no se quedara con el deseo

*"Los Aries no le temen a nada, y se enfrentan a la vida con gran valor."*

*"Ningún Aries debe perder su sentido del humor, porque finalmente, bajo el cielo, todo tiene un hilo conductor."*

de volverlo a ver. Hay muchísimas cartas que comprueban el hecho de que las rendidas a sus pies o sus brazos, estaban orgullosas de haber sido elegidas por él. Casi todas sabían que las dejaría y al parecer no había una que no pensara "yo sí lo puedo retener". Está registrado en los anales de la historia que después del acto de su conquista cada una de las seducidas sentía que su vida había mejorado; habían ganado una parte del premio mayor, estaban convencidas de recibir algo. Me recuerda un poco a las mujeres que me traían la fecha de nacimiento de algún escritor famoso, hombre poderoso o simplemente galán conocido (varias veces me sucedió, era el mismo personaje, pero las damas en cuestión cambiaban, estaban extremadamente orgullosas de que "él", ese hombre tan especial e inteligente, se hubiera "fijado en ellas"). Aries es mágico, capaz de inspirar algo parecido si quiere, además, si aprende a combinar la gran fuerza de sus emociones sumada a un autoconocimiento positivo, no habrá deseo sin cumplir.

"La recuerdo como una visión de dicha", me escribió uno de los siete maridos abandonados por mi madre, ella, Aries por excelencia, era orgullosa portadora de su signo. R.S. Joseph, escritor y gran coleccionista de libros, me mandó una carta con una frase inolvidable después de haber leído su autobiografía, publicada en Alemania después de que ella falleció: "La recuerdo como si estuviera presente", continúa y su letra es firme, mucho mejor que la mía; él tiene 92 años. "Tu madre —prosigue— emerge del libro como

*"Aries cuando lo desea, se lleva con todos los signos, pero no todos se llevan con Aries."*

*"Para encontrar apoyo moral o físico, no hay persona mejor que los nativos de Aries, el primer signo."*

una persona admirable, no solamente física sino también en lo moral; yo llevo una fotografía de ella desde hace más de 40 años y, créeme, he tenido otros amores, pero ella me ilumina de una manera casi misteriosa e infinita". Yo, signo Cáncer y apegada al amor materno como lo indica mi signo desde siempre, gasto tiempo, dinero y esfuerzo para hablarle por teléfono y averiguar si él es, como imagino, de signo Aries. Por supuesto que sí, con la voz casi apagada por los años, me responde.

Aries es el signo escogido por las estrellas para llevar (como vitamina astrológica de fuerza extrema) una foto del ser amado. Esta llamada "vitamina cósmica" le servirá al Aries ansioso de hacerse mágico portador de su propia suerte, para incorporarse a tal emoción, al deseo y a la fuerza vital, simplemente para estar allí o aquí, siempre presentes.

*"Atrévete, Aries, a lo que sea, sobre todo si al pedir puedes dar."*

Esto no siempre los sabe Aries, y es importante para él tener conocimiento de ello. ¡A todo Aries, consciente de su propia fuerza, Casanova y su reputación le quedan chicos!

Lo irracional de su signo se acomoda y se convierte en algo que se podría llamar conductismo adecuado. La conquista de *ese poco más* de lo que sea, será su aresiana voluntad. Es una auténtica llave secreta y, por lo tanto, consigan ustedes la fotografía de un ser que les importe muchísimo, alguien que emocionalmente les haga vibrar. No olviden llevarla consigo en toda ocasión, como alguna ropa que no dejamos de ponernos.

# ARIES Y LOS VALORES

S i la idea de este libro es, entre otras cosas, definir la astrología como un sistema para el autoconocimiento, comenzar con Aries es excelente. Aries gusta de sobrepasar los obstáculos, trae el portafolios repleto aunque no lo sepa. A veces, las rentas variables ni las sienten y sus metas las cumple sin darse cuenta porque pasa a otra novedad. ¡Los Aries abren una puerta tras otra y se olvidan de cerrarlas, pues se emocionan con todo lo que ven dentro! De cierto modo nacen capacitados, con suerte, no pasan demasiado tiempo averiguando ¿para qué? Gastan sin pensar, pero Aries tiene el gran don de saber instintivamente cómo conseguir lo que es necesario para gastar. Eso, por supuesto, es dinero.

No estoy tratando de decirles a los habitantes del signo Aries que cuiden seriamente el aspecto económico por encima de otra cosa. Para algunos puede ser tarde para eso, un hecho para otros y la profesión escogida para cada cual, sin que esto tenga que ver con su signo. Lo que sí tiene que ver el signo (y en general Aries) es la forma como superan, consiguen, se responsabilizan, enfocan, hacen propuestas y se aproximan a la ocupación o el trabajo realizado y al interés que suscita en sus vidas. Por lo mismo, es para ustedes intersantísimo el hecho de que exista la economía conductista, pues siendo tan progresista y de tanta envergadura, entenderla podría aclarar un sinnúmero de símbolos cíclicos personales. Esta

*"Lo mínimo que le puede ocurrir a Aries es sentirse desconcertado sobre algo, lo que a su vez prenderá la mecha para que Aries adquiera conocimiento de sí."*

nueva plataforma es una disciplina que tiene que ver muchísimo con la tesis sobre la fuerza de voluntad y el dinero enlazado a un común denominador psicológico. El ejemplo más simple es el que cuenta T. Thaler (precursor en el área): "Mi vecino cortó todas las ramas de los árboles de su casa por ahorrarse cien pesos y no pagarle a un jardinero temporal. Al mismo tiempo, por ningún motivo aceptaría hacer lo mismo para su vecino, aunque éste le pagara el doble". ¿Economía subversiva?

Otro ejemplo:

¿A que no puedes comer sólo una? Era el mensaje de un anuncio de papas fritas. Y los invitados de ayer me agradecieron el hecho de haberles quitado de la mesa un platón de esas mismas papas, aunque tenían hambre (confesaron). Me agradecieron el hecho de haberles dado menos.

¿Comportamiento económico anómalo o irracional, o en otras palabras, menos (papas) es más salud? Por supuesto que estos ejemplos son muy simples, y la maestría en economía conductista tiene más que ofrecer, pero con esas dos muestras puede verse un principio de algo interesante y todo Aries debería conocerlo.

No sólo es la economía conductista. Muchos economistas saben que hay muchas singularidades que a la menor oportunidad dan paso a patrones efectivos pronosticables. Los resultados pueden ser tan previsibles como saber que una persona sentada en el asiento trasero de un auto que choca a una velocidad de cien kilómetros por hora, recibe un im-

*"Aries quema ansias y su espíritu contribuye al éxito de quienes lo rodean."*

pacto igual al de una caída de quince pisos, si no trae el cinturón de seguridad puesto. Con la misma certeza se puede comprobar que la mayoría de las personas están dispuestas a pagar más por algo que se vende en una tienda lujosa sobre Paseo de las Palmas en la Ciudad de México, Rodeo Drive, en Los Ángeles, la Quinta Av. en Nueva York, o los Campos Elíseos de París, que algo encontrado al azar en un puesto de la Lagunilla, dentro del sórdido *downtown* del estado de California, paseando por una de las calles con olor a pescado del Bowery neoyorkino o en los mercados cercanos al metro Clichy de París, el conocido mercado de las pulgas (*les puces*).

Nos aseguran con estudios y porcentajes que pagarle parte de la renta a un negocio caro (eso hacemos cuando nos cuesta más caro algo en un lugar estratégicamente elegante) no nos importa; sea la compra de una cerveza, una bolsa de algún diseñador reconocido o una etiqueta de una marca conocida (Chanel, Armani, Creed). En otras palabras, los que vivimos con la necesidad de ese algo más para aliviar nuestras ansias, valoramos lo que consideramos justo, tanto como valoramos su posible valor en el mercado. Es muy simple, depende de dónde estemos. Al ver esto se aprende que la economía tiene componentes psicológicos decisivos. Esto debe interesarle a todos los Aries pues a ellos les beneficia.

¿Por qué? Simplemente lean y adueñense de la frase de Platón, otra vez, y traten de visualizar cómo su propio ego desea algo, se emociona al tenerlo y alcanza sapiencia al gozarlo.

*"Aries es poder: el saber que puede, el querer ser. Es el que quiere porque puede o puede porque quiere."*

*"Aries tiene que mirar directo a los ojos a los que se acercan, y no debe olvidar que mientras el Sol pasa por su signo le deja su energía y lo protege."*

Aries, Avidia en sánscrito, lleva, en su muy antiguo peregrinar por los cielos que nos acompañan, ambos polos de la fuerte influencia vertida por Marte, su compañero de viaje en esta alquimia celestial. Dicen los libros que llegan traducidos del antiquísimo sánscrito, que en este signo se encuentra reflejado el descenso del espíritu convertido en materia, así, Aries puede tropezar con lo que no ve, porque inconscientemente ha tomado la decisión de no verlo. El tropezón es un error programado y trae su "torta", como los recién nacidos. Esto es, Aries siempre decide aunque crea, o se imagine, que no lo dejan hacer lo que realmente quiere. ¿Aries, quieres más? Primero limítate y después toma todo lo que te consideres capaz de aguantar, para bien o para mal. Para ti, siempre habrá un "va de nuez", una novedad o un nuevo tratado. Al imaginarte deambulando dentro de tu propio símbolo, sentirás como los cuernos dibujados te protegen.

*"Tómalo, consíguelo, saboréalo, róbale un pedazo al cielo si es necesario, pero atrévete."*

Lo que tú consumes es tu propia alquimia. Por cierto, Newton escribió durante su vida más de lo que cualquiera podría imaginarse sobre la alquimia, más de un millón de palabras, según el matemático D. Berlinski. Aries, tú tienes el don de poder sublimar tus propios deseos si te atreves, y ¿por qué no? Cuando desees algo, tómalo, consíguelo, saboréalo, róbale un pedazo al cielo si es necesario, pero atrévete. No importa lo que dure, lo importante es que por un tiempo haya sido tuyo.

Debe haber una razón por la cual el zodiaco que conocemos, el que lleva aproximadamente seis mil

*"Aries necesita probar de vez en cuando la voluptuosidad para entender sus propios ying y yang."*

años dibujado, plasmado, estudiado y consultado por nosotros, comienza contigo, ¿Acceso a la vida por un acontecimiento al azar o espejo de una fuerza vital que estará siempre por venir? Tú tienes la facultad pura y absoluta del principio de incursión. Siempre hay un "pero" y el tuyo es que necesitas dominar tus emociones para salir triunfante de vientos y mareas inesperadas. Simultáneamente, con tus deseos de obtener más de lo que consideras importante, necesitas cambiar tu lenguaje de respuesta. Es decir, armonizar con los humores y afanes de los que invertirán en gratificarte. Todo lo que tenga que ver con la obtención de algo tiene una relación magistral con la economía conductista o conductiva.

"A la mente humana le faltan los circuitos para producir un sistema de mercado que funcione a la perfección para que *todos* circulen libremente en busca de sus propias preferencias"

*"Para Aries no hay desafíos demasiado grandes, ni empresas demasiado difíciles, ni riesgos demasiado aterradores."*

Esta frase apareció en un diario estadounidense del año 2001 con un añadido complementario: "De hecho, casi todos los grandes economistas incorporaron sicología compleja a sus ideas y todos sabían que esto era de ciencia cierta, tanto Adam Smith como Carlos Marx, John Maynard Keynes y Alfred Marshall".

Lo que los demás no saben es que Aries tiene los circuitos necesarios, pero necesita activarlos. Para hacerlo, para aprovechar todo lo que puede hacer y echar mano de lo que necesita para obtener *ese poco más*, ¿más?, o *má$$$$$$$$$$*, primero bríndate el tiempo suficiente, busca el tiempo para entender lo que realmente es la economía bajo todos sus puntos de vista, personal, familiar, mundial y cómo se relaciona (la economía) con tus deseos. ¿Te parece algo egoísta? No lo es. Por lo general, el egoísmo no entra entre tus planes ni en tu manera de ver la vida. Abre bien los ojos y averigua. Alguna vez escribí un libro sobre los verbos más adecuados y accesibles para cada signo. Para Aries son: activar, confiar, decir, salvar, retar y lograr. Aries logra, salva y a veces lo logra salvándose. Utiliza estas ideas aliadas que por su signo son las acciones que dan el poder de ser extrovertido, receptivo, perseverante, enérgico, competitivo, fascinante, hábil, dinámico y creativo. Tú produces lo que quieres cuando tienes un proyecto, y si el proyecto te hace falta, úsate como tal. La alquimia por ti generada simplemente al atreverte o actuar, cuando tratas de interpretar tu propia economía de tipo conductista, sin indagar en tu inconsciencia pero sí en la conciencia de los que te rodean, es determinante para el triunfo. Acepta el cambio, cualquier cambio, y busca la razón económica de fondo.

*"El entusiasmo de Aries es por lo general inmejorable y los nacidos bajo este signo pueden ser maravillosament e innovadores."*

## ARIES Y EL EFECTO JÚPITER

E l efecto Júpiter con toda su gloria te servirá para que encuentres satisfacción en aceptar los cambios que la vida te propone y sepas aún más.

Todo pasa, todo deja de ser, todo se deshace (*Tout passe, tout lasse, tout casse*), dijo el escritor Blaise

Pascal. Aries podría agregar, sí, pero también todo se vive y luego vuelve a pasar. Y justamente la chispa creativa que lo permite, forma parte del cincuenta por ciento del efecto Júpiter en Aries. La astrología establece que el macrocosmos (el universo) y el microcosmos (los humanos) tienen una profunda relación. Un poco como la bóveda celeste y la bóveda que contiene nuestro cerebro, o el universo observado y el que llevamos dentro. El efecto Júpiter no tiene nada que ver con predicciones, pero sí con el ánimo de seguir adelante y atreverse a pasar a otra cosa. Cada signo astrológico tiene un lugar especial para indagar en él. El de Aries es relevante en todo, en cuanto al área de viajes, religión y educación superior. Así pues, diversifica sin alocarte y confía, lo que le pides al cielo puede realizarse. ¡Por lo tanto, pide con cuidado!

*"Hay que tener a alguien de este signo siempre cerca, para que nos abra paso hacia algo que siempre podrá mejorar."*

Hay unos datos del Banco Mundial repartidos dentro de cada signo con el fin de ilustrar lo poco que tienen muchos y lo mucho que tienen pocos. Uno de ellos, al cual le agregué simplemente el nombre de tu signo, tiene la siguiente información.

Si tú, Aries, puedes atender la iglesia de tu preferencia sin miedo al acoso, arresto, tortura o la misma muerte, vives mejor, por ese simple hecho, que tres billones de habitantes que deambulan sobre la faz de la Tierra a cualquier hora.

*Verbos: activar, confiar, decir, salvar, retar y lograr.*

Todos merecemos *un poco má$* de lo que sea nuestra voluntad y si aprendemos a encauzar el efecto Júpiter dentro de nuestro propio cielo (en este caso el que abriga a Aries) para acomodarnos mejor en el espacio cósmico individual, ese mismo *más* será mucho más aprovechable. ¡Qué dicha gozar *eso* que nos toca vivir sencillamente por haber nacido bajo tal o cual maravilloso, mágico y potente signo! Al comprender esto, además de disfrutarlo, aprendemos *un poco más* por haberlo vivido. Nada hay más lujoso que esto.

*"He tenido éxito en la vida. Ahora intento hacer de me vida un éxito."*

Y recuerden, para Aries todo lo que tenga que ver con más, tiene que ver con la sincronía y su capacidad de autoexpresión.

## CONCLUSIÓN

Aries: debes hacerte el ánimo de nunca salir de casa sin la foto de un ser amado, mantener el brío para atreverte a iniciar lo que otros no osan; conquistar y no dejarte apabullar por ningún reto, sino tomar toda la lucha como posibilidad "a futuro", llenará tus arcas.

Si comprendes todo esto, tu propia consciencia te orillará a dejar de lado todo prejuicio, aumentando un enorme porcentaje de tu potencial.

# TAURO

---

Clave
*Seguridad perdurable*

**Del 20 de abril al 21 de mayo**

*"Dame los lujos de la vida y yo, gustosamente
(voluntariamente) podré prescindir de las
necesidades de la misma"*
FRANK LLOYD WRIGHT

---

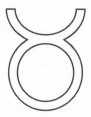

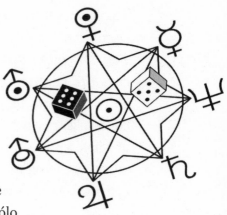

# JUGADA

E l término "caja fuerte" surge de la idea de guardar algo propio con seguridad. Tiene que ver con la concepción de que lo que uno tiene y almacena puede ser tocado sólo por el dueño o la dueña. "Cofre" viene del francés, y probablemente es la versión más antigua de esa palabra. Para Tauro, tener la seguridad de lo suyo o lo propio es decir, lo que considera que le pertenece —para Tauro las explicaciones deben ser largas y seguras— es realmente personal e imperativo. Esto caracteriza con exactitud su psique y tiene tanta significación para sus deseos íntimos, que tener una caja fuerte en algún banco puede ser casi más importante que llenarla. Debes imaginarte Tauro, un lugar, una caja, un escondite, baúl, arcón o maletín, bolsa de papel o hasta un calcetín, donde puedas resguardar tus objetos personales selectos. No todos pero sí aquellos con especial valor personal. El placer secreto de saberlo "allí" es lo importante. Tauro ve lo que le rodea a partir de ciertos rasgos señalados por los sentidos. Y necesita alimentarlos sin condición para convertirlos en sensaciones para subsistir en forma (continuamente, como la banda de Moebius) ya sea al experimentar ciertos momentos, acciones,

*"Tauro hace cuando su yo despierta al momento adecuado."*

*"Lo que la vida le pone a Tauro en el camino es lo que más le sirve, aunque hay momentos en que Tauro piensa que no aguanta nada más."*

placeres, objetos escogidos, esquemas delineados o expresiones de las cosas simples de la vida diaria. Si la conciencia es la característica más obvia y, a la vez, más misteriosa de nuestra mente, el inconsciente de Tauro es su motor, su sostén y la caja fuerte. Una caja fuerte tangible, que se puede tocar, y esconde algo que a Tauro le hace sonreír cuando se lo imagina "en ese lugar"; le permite soñar con lo que quiera. Es entonces cuando su vida exterior le toma la mano a su superyó (tan complejo) y transforma su vida en algo mejor o aumenta sus deseos, bajo cualquier circunstancia.

*"Tauro es excelente consejero para quienes lo rodean no tanto para sí."*

Extravagancia es una palabra que le va bien a Tauro. Debe tener y jugar con un sinónimo de ella para cada día de la semana. Por ejemplo: lunes, capricho; martes, particularidad; miércoles, paradoja; jueves, originalidad; viernes, rareza; sábado, excentricidad, y domingo, genialidad. Así cualquier cambio lo convertirá en más.

## TAURO Y LOS VALORES

Esto es especialmente importante para Tauro y su particular manera de mirar el mundo moderno. El inconsciente es la vasija ideal para nuestros pensamientos y, además, nos permite revolucionar el modo de aproximarnos al guardado venturoso de nuestras obsesiones (esta puede ser tu poderosa caja fuerte). Un Tauro a la búsqueda de *un poco más* debe

—sin condición— apreciar con prudente vehemencia. ¿Cómo? Cada Tauro, a su manera por su puesto (pues otra palabra clave para Tauro es *emoción*: así las cosas, con su propia emoción), debe conectarse con los cinco sentidos. Tauro ve y vibra, oye y se estremece, habla y se tranquiliza, huele y confronta, toca y se trastorna. Sus emociones dominan y el verbo que brota de allí, además de quedarle como anillo al dedo, es tener. ¡Tengo, dice Tauro y solamente le faltará ponerse de acuerdo con todo lo arriba mencionado para enfrentar lo que él o ella deciden que es "tener" en ese momento de su realidad. Puede ser mantener, agarrar, sujetar, gozar, dominar, disponer, parar, frenar, cumplir, encerrar, incluir, abrigar, abarcar o compartir. ¿O todos en conjunto? Mucho dependerá de quién se encuentre enfrente y más aún, con lo que desee, cómo decida obtenerlo y la forma en que disponga de ello: siempre y cuando sus emociones estén involucradas. ¿Extravagancia material? Sí, si consideramos que para Tauro los sentidos son lo más tangible que tiene.

Quiero. Tengo. Hago uso de. Y si Tauro logra que sus emociones se involucren en su quehacer, como un tipo de común denominador (con cualquier tipo de encantamiento, brujería o gancho), su propio inconsciente le ayudará a ponerse de acuerdo con todo lo demás. Sin esfuerzo. Además, con la gran dosis de determinación, aguante y resistencia que el signo confiere. Pero Tauro, nunca olvides sazonar tus planes con un poco de vanidad. Específicamente si son económicos.

*"Tauro encuentra base sólida para sus quehaceres, y si se da el tiempo adecuado para ponerse en contacto consigo, sabrá que el principio de cualquier acontecimiento de la vida se puede dividir en razón, sentido y experiencia."*

*"A Tauro le hace falta, más que a cualquier otro signo del zodiaco, tomarse en serio las primeras palabras de la canción Un poco más."*

En el interesante libro *Invirtiendo por medio de las estrellas*, el listado de compañías del signo es imponente. IBM, Procter and Gamble, American Express, Merck, Westinghouse, entre otras. Y para sorpresa de todos, la bolsa de valores de Nueva York, establecida el 17 de mayo de 1792, es signo Tauro. Curiosamente, la bolsa de valores japonesa también vio su primer día el 16 de mayo de 1948 y, por lo tanto, es Tauro.

Todo tiene signo: las personas, los animales, las plantas, las cosas, las empresas, los países, hasta una idea. Esto no quiere decir que solamente los nacidos bajo el segundo signo del zodiaco deben tener intereses en las compañías antes mencionadas, pero debemos recordar que un horóscopo, del signo que sea, está constituido por miles de cálculos matemáticos que explican que todos los signos y planetas tienen distinta composición dentro de cada carta astral. La astrología nos conecta con el universo, pero cada persona dentro de su propio signo es singular, pues cada momento en el tiempo es único. Tauro posee un archivo de sentidos especiales que suministra procesos de sostén a pesar de sí. Mientras más se introduzca a su yo íntimo, su ego y su superyó, mayor oportunidad tendrá Tauro de obtener ese *más* que nunca es solamente un poco. Tauro quiere *mucho más* y no debe limitarse.

*"Tauro sabe ver con tan solo una mirada, cuáles son los talentos de quien se le pone enfrente, cómo mejorar lo que le presenten y qué camino debe tomar quien busque su consejo."*

Tauro quiere muchísimo más, en las dosis emotivas que su momento personal le pide. ¡Y esto es algo complicado, porque está compuesto de los tres seres antes mencionados! Tauro puede muy bien con el paquete.

Para comenzar, Tauro puede estar interesado en las siguientes áreas: datos de fenómenos psíquicos, psicología, tratado de las funciones del alma, Aristóteles, introspección estructural, implicación de propósitos, Gestalt, reacciones motoras y determinaciones de características de la conciencia, conducta, y la sustancialidad del yo. Estas son materias que todo Tauro debe abordar. No te atormentes, no necesitas indagar en terminología al parecer absurda de un libro con cantidades para incrementar o mejorar lo que has comenzado a bonificar. Debe quedar muy claro para ti, Tauro, que la calidad de tus ventajas siempre será más importante que la cantidad. Le puedes poner toda la crema que quieras a tus tacos y nunca te limites. La metáfora podría ser también oro que sirva para adornar a tu persona, el carro fino que te compres o las mejoras a tu tren de vida. Con introspección sistematizada, para Tauro todo se resuelve con más facilidad y obteniendo *un poco má$*, de lo que sea, incluyendo los planes para el día de mañana. Ese *má$* no siempre tiene que estar relacionado con el dinero, sino también vinculado a la calidad de vida.

Para Tauro, el tiempo es algo que *le sucede*. "Ese día cuando no me sentía muy bien", "ese año durante el cual me estaba acostumbrando a..."; "el año que entra tendré ese coche..." A veces la diferencia entre la ciencia y el misticismo se borra. Un ejemplo de esto puede ser la pregunta ¿qué es el tiempo? Una historia para ilustrarlo es aquella en la que un personaje acaba de llegar a una gran ciudad y deambula

*"Tauro se reforzará con el simple hecho de entender cómo hacer las divisiones adecuadas para acomodar sus sueños y realizarlos."*

**TAURO**

por sus calles. Alguien lo aborda y le pregunta: "¿Disculpe usted, qué hora es?" El hombre lleva un reloj elegante en el puño y, sin mirarlo, responde: "Disculpe usted, pero tendrá que preguntarle a un filósofo, yo no soy más que un físico, y la respuesta es muy relativa". Alberto Einstein decía que el tiempo es simplemente "algo que marcan las manecillas de un reloj". Tauro no sueña con sus remembranzas, las vive y las siente de nuevo. Crece y consigue más porque siente creer en sí. ¡Por lo menos, así debe de ser!

*"Tauro, las cosas, las relaciones y los asuntos a largo plazo siempre te harán mejor que lo inmediato."*

Qué bien te haría saber Tauro, que entre tus labores, tu seriedad y tus lecturas, dispones siempre de un guardado (aquí sí de dinero en efectivo) para divertirte en algo que realmente te permite gozar con regularidad. Algo que disfrutas y te permite estar en buena relación con uno, dos, tres, cuatro o hasta las cinco variantes de tus sentidos. Ir a comer algo delicioso (desde un dulce de Celaya hasta una cena con vino en Petrus, el gasto es lo menos importante para esta tarea); hojear un bello libro o sentarte en un café para ver pasar la gente (por supuesto si eres coleccionista de arte, no te limites); tomar tiempo para contar los diferentes cantos que los pájaros, que a su vez despiertan a los tuyos, o escuchar en vivo a Plácido Domingo; las ideas pueden ser simples, banales o trabajosas, rebuscadas o recónditas, pero lo que más importa es darte un tiempo con cierta regularidad para ir poco a poco sincronizando tus sentidos con el gozo que ellos pueden darte. Para Tauro, el viejo dicho de "hogar dulce hogar" debe ser reemplazado por mi yo, dulce yo. Con brío, orgullo, confianza y desasosiego.

No es casualidad que el gran Pitágoras fuera más que un maravilloso matemático: también elaboraba cartas astrales. Pero él nos regaló entre otras cosas la escala musical. Pitágoras estaba convencido de que, así como la música nos permite armonía, el universo se compone de ecuaciones armónicas relacionadas con esos mismos números (a veces simples, a veces mágicos) y nos sirven para contar. Más y más y más. Él estaba seguro de que la clave de la armonía del universo estaba en los números. ¿Habrá sido del signo Tauro?

*"Llámese tozudez, firmeza, posesividad o ventaja, Tauro es el signo que puede esculpir su propia vida con lo que le den: roca, barro, hielo, diamante o lodo vil."*

Bien dice el Evangelio de san Felipe: "La verdad no llegó al mundo desnuda; llegó dentro de tipos e imágenes. No recibiremos la verdad de otra manera". El símbolo antiquísimo que porta Tauro, un círculo con una media luna posada en forma de cuernos sobre su parte superior, tiene que ver, desde hace milenios, con recoger para almacenar posesiones materiales. El hombre en su mejor forma, ligado a la Tierra y a las fuerzas creativas de la misma naturaleza. El espíritu unido con la materia para convertirse en un ser conciente, *Samskara* en el idioma upandisha, directamente ligado al sánscrito. Por eso, la relación que Tauro tiene con ese más (con el adjetivo que Tauro quiera darle) es tan importante y está íntimamente enlazado con su yo y todo lo que esto implica. Tu propia libido no te lo pide: ¡te lo exige!

Para obtener lo que necesitas o quieres, debes tener una buena relación contigo mismo. Las verdaderas gratificaciones las conseguirás porque tu psique está de acuerdo y te las pide; lo demás es pura paja.

*"Recordemos que los mejores abrazos los dan quienes nacieron bajo éste, el segundo signo del zodiaco. También ellos y ellas reciben los mejores abrazos."*

No estoy recomendando que para lograr tus metas necesites psicoanalizarte, pero sí subrayo la gran importancia que tiene para todo Tauro fijarse metas de autoconocimiento, directamente ligadas a su propia identidad, cada quien a su manera. De lo contrario, Tauro será el primer signo en sufrir una crisis de identidad, aunque se encuentre rodeado de mucho más de lo que *ese poco más de algo* pueda regalarle. La joven mujer de la historia que narré al principio de este libro, es de signo Tauro. Comenzó a dudar de sí misma cuando lo tenía todo; fama, dinero, amor. Le costó mucho trabajo, bastante dolor y algunas pérdidas económicas encontrar su propio camino de nuevo. Hay un libro recomendable para todo Tauro: *Una historia natural de los sentidos* de Diane Ackerman. Es un tratado divertido y científico de los cinco sentidos, traducidos a la vida cotidiana. Con o sin ese libro, una vez que sepas cómo apreciar profundamente cada uno de los sentidos, algunas o todas las configuraciones que ellos pueden ofrecerte, los placeres logrados serán muchísimo más gratificantes. Y tus decisiones para lograr tus ideales serán justas, equitativas y saludables en tu forma de vida. ¡Qué más puedes pedir! Para Tauro, *un poco má$* tiene que ver con regeneración.

Cuando Tauro necesita, debe pedir. De sus entrañas viene la observación de su propio ser para solicitar un poco de atrevimiento a los otros signos, y para pedir cuando sabe que le pueden dar. No le tengas miedo a tus caprichos: para comenzar un negocio, pedir aumento de sueldo, para que tu quincena te permita comprar más ajos y cebollas, para embellecer lo tuyo, para pagar deudas, mejorar de posición o puesto. Pide lo que quieras Tauro y verás que ese poco más se convierte en muchas cosas más.

Existen algunos datos elaborados por el Banco Mundial que he repartido en cada signo con el fin de ilustrar lo poco que tienen muchos y lo mucho que tienen pocos. Para Tauro escogí uno importante; si despertaste esta mañana sintiéndote más sano que enfermo, tienes más suerte que un millón de seres humanos quienes no sobrevivirán la semana, por falta de oportunidades.

Escribí un libro sobre los verbos más adecuados y accesibles para cada signo. Tauro se acomoda con ahorrar, contar, fortalecer, gozar, luchar y sentir. Tienes que aprender a ser leal al verbo tener.

*"Tauro sabe llevarse con todos los otros signos, aunque también generalmente lo hace de manera selectiva."*

# TAURO Y EL EFECTO JÚPITER

En el mágico círculo astrológico de Tauro, el planeta Júpiter y sus efectos pasan de un extremo a otro. A veces se exceden y dejan sus estelas entre asuntos relacionados con herencias. ¡Cuidado Tauro! No tiene tanto que ver con sus legados materiales como con las consecuencias de tus genes y tu árbol genealógico. Tu efecto Júpiter también indica si los préstamos bancarios te favorecen. La posición de Júpiter y su efecto sobre cada signo, es algo que se administra de la misma manera como uno aprende a

*Verbos: ahorrar, contar, fortalecer, gozar, luchar, y sentir.*

manejar un auto o a montar una bicicleta. Es algo casi automático. No hay que sumar, restar y mucho menos dividir o multiplicar. Surge de una medida, calculada en grados (de los 360 que hay en un círculo) y es un regalo cósmico que debe ayudarte a entender cómo *conseguir* lo que tú consideras que vale la pena.

Sigmund Freud (alguien de quien todo Tauro siempre encontrará un buen consejo, inclusive si abre uno de sus libros al azar) dice como indicador para este aprendizaje: "Originalmente el ego incluye todo, después, se distancia del mundo externo".

P.S. Cuando doy consulta astrológica en la privacía de mi estudio (como un secreto del confesionario) advierto a los portadores de este signo que si hubiese una verdadera justicia divina *todos* los nacidos dentro del 20 de abril y el 21 de mayo, deberían tener legalmente, procedencia acaudalada. Les queda. Y no serlo no les va. Pero sólo les doy estas palabras para que forcejeen con su propio destino.

*"Con la debida atención, y si pides un poco más de apreciación, se disipará cualquier problema que pudieras creer que te obstaculiza."*

\* \* \*

Todos merecemos un *poco má$*, lo que sea nuestra voluntad, y si aprendemos a encauzar el efecto Júpiter dentro de nuestro propio cielo (en este caso el que ampara a Tauro) para obtener ese más —no tiene por qué ser simplemente poco— ¡qué mejor! Aprender a gozar *eso* que nos toca vivir sencillamente por haber nacido bajo tal o cual maravilloso, mágico y potente signo es lo mejor que nos puede pasar. Al comprender esto además de disfrutar todo más, aprenderemos nuevas experiencias gratas. No hay nada más lujoso que esto.

## CONCLUSIÓN

¿Ya encontraste un sinónimo para guardar tus tesoros? ¿Te has identificado ya con alguna empresa multinacional, de nombre universalmente reconocida que pueda satisfacer alguno de tus sentidos íntimos? Tu signo es aquel que puede lograr que cualquier apabullamiento de tipo financiero se convierta en lección. Y como novedad: cambia de paraje para pensar claro.

# GÉMINIS

---

Clave
*Oportunidades flexibles*

**Del 22 de mayo al 21 de junio**

*"No ser útil a nadie equivale a no valer nada"*
RENÉ DESCARTES

---

## JUGADA

U n epítome es un compendio o resumen, un tratado muy breve de una materia en que se exponen las nociones más elementales. *Epitomadamente* significa que se ha escogido una figura con precisión y brevedad, se pueden usar las palabras más evidentes para obtener mayor claridad. Por ejemplo, en el caso de la economía podemos decir que es el arte de administrar y ordenar los ingresos y los gastos de la manera más provechosa.

Géminis, busca tu epítome. Una sinopsis de ti mismo o misma.

Dicen los sabios de antaño que Géminis es el representante cósmico de esta frase: "No sólo de pan vive el hombre". Géminis es quien necesita probar de todo para quedarse en la mesa que él o ella escogió, y luego, poderlo explicar a su manera. Saber más de cualquier cosa o probar más de lo que sea, le convendrá siempre a Géminis durante sus buenas o sus malas épocas porque así aprende a batallar con su propio espíritu. ¡Y vaya espíritu!

Géminis viaja sobre las corrientes de la mente humana y, por tanto, puede imaginarse como mariposa de mil colores (o del color que sea su voluntad),

*"La energía de Géminis está ligada con la mente, la palabra y el significado amplio del intelecto."*

**45**

meditar de esta forma siempre le ayudará a conseguir el distanciamiento que necesita para posarse donde decida. Al detenerse, siempre mejora, aumenta algo y se da cuenta que *un poco más* le conviene.

Puede ser diariamente, puede ser una vez al año o cada semana si quiere, pero no habrá visualización que valga para domesticar tus necesidades de saber cómo tener, dónde parar y cuándo hacerlo, si no encuentras una idea que te sirva de base para apoyarte, yo podría darte una por mes durante el año, ¡aquí están!, pero toma en cuenta que son una probada ya que es necesario que encuentres las tuyas. Mientras tanto, medita con estas:

*"Géminis, tu deber es disponer inteligencia, no almacenarla."*

- ✧ **Enero:** Si desnudos los ves, no distinguirás al patán del marqués.
- ✧ **Febrero:** Maña y saber, para todo es menester.
- ✧ **Marzo:** "No sólo de pan vive el hombre" (Texto bíblico del Deuteronomio).
- ✧ **Abril:** Las riquezas para el sabio son una servidumbre; para los necios un medio de dominio.
- ✧ **Mayo:** "¿Quién te hace rico, quien te alimenta el pico". (Refrán).
- ✧ **Junio:** Más vale pájaro en mano que ver un ciento volar.
- ✧ **Julio:** "Durante nuestro viaje a través de la vida, encontramos personas que también vienen a nuestro encuentro, muy repetidamente y por caminos sorprendentes. Y todo ha de cumplirse: lo que nosotros tenemos que hacer y lo que ellos han de hacer por nosotros". Charles Dickens

*"Géminis primero necesita adiestrar sus palabras, luego pasar al aumento de lo que sea su sabia voluntad."*

**46**

- ✧ **Agosto:** "El hombre más poderoso es el que es dueño de sí mismo". Séneca
- ✧ **Septiembre:** Cristina de Suecia dijo que los placeres fatigan más que los negocios, pero en este caso (para Géminis) respondo con lo dicho por el músico Wagner: "El placer no está en las cosas, sino en nosotros mismos".
- ✧ **Octubre:** "Para obtener la victoria final, hay que ser implacable". Napoleón
- ✧ **Noviembre:** Cualquier gusto vale un susto.
- ✧ **Diciembre:** "No importa si eres rico o pobre, siempre y cuando tengas dinero". J.E. Lewis

Géminis, para cada mes de todos los años del resto de tu vida, es importante tener tu frase momentánea en un lugar accesible. Y verás, en cada ocasión, que su consulta te dará una respuesta adecuada y atinada.

## GÉMINIS Y LOS VALORES

Una de las palabras que más confunden nuestra forma de ver el mundo es el vocablo *teoría*. Durante la época en la que existió la biblioteca de Alejandría —unos 500 a.C.— se usaba *teoría* como sinónimo de especulación, hoy no. Hay que tener presente que en la actualidad teoría es, específicamente, una idea que alguna vez fue hipótesis pero subió de categoría. Una teoría en nuestra moderni-

*"Géminis no es alquimista: es el financiero de la palabra."*

dad se convierte en algo comprobado por medio de experimentos y observaciones.

Saber esto le queda como anillo al dedo a todo Géminis, quien siempre confabula para poder abordar las ideas, sino es que observa sus propias ideas bajo uno, dos o tres puntos de vista, ángulos o posibilidades. Todo lo escrito en las páginas de *un poco más* se ha comprobado por medio de observaciones —sin experimentos. Por lo tanto, son hipótesis. ¡Y qué bueno, porque ustedes, lectores, serán los "suertudos" que obtendrán ese poco *más* de lo que se han propuesto bajo los augurios de una hipótesis en construcción! Para todos los nacidos bajo el signo de Géminis se convertirá en teoría luego de que uno, dos, tres o posiblemente miles de ávidos lectores confirmen el hecho de haber seguido los lineamientos de su propio signo y lo que éste puede ofrecerles, la recompensa es total. Conseguir más de lo anhelado, querido, deseado o considerado imperante en sus vidas, es fructífero aunque no siempre de fácil acceso. Yo estoy convencida por completo de que la astrología es un arte, además de ser la parte poética de la astronomía. El arte siempre mejorará la vida de quien la aborde, porque permite soñar. Lo dicho por B. Berenson queda como epítome de una ecuación perfecta para esta ocasión: "No lo que el hombre sabe, sino lo que siente, tiene que ver con el arte. Todo lo demás es ciencia".

En los anales de la historia de la ciencia (orgullosamente maleable, además de inexacta) y de la astrología, todo lo que obtiene Géminis sirve para

*"La palabra puede orientar a Géminis para adueñarse de un poco más de lo que sea con real y potente voluntad."*

convertirse en otra cosa siempre adecuada. Esto, por lo general, ligado con algún tipo de información, le provoca el placer de lidiar con una nueva oportunidad. A diferencia de otros signos, Géminis no es alquimista: es *el financiero de la palabra*. La representación y las teorías de la mente —espero también las suyas— son la clave del adiestramiento de los dones con los cuales se nace y que pueden servir para dominar toda situación. Siempre y cuando no se mienta ni se engañe (por mucho tiempo, poquito está bien). Esto es algo que todo Géminis debe tener presente. Hay más, Géminis nace con una sabiduría innata que le mostrará cómo aprovechar ese poco más que la vida les presenta a su conveniencia, sin tener que afrontar demasiados impedimentos. Los suyos son, por lo general, tropezones. Cada vez que termina algo o con algo, comienza una nueva historia. Específicamente cuando *ese poco más* NO tiene que ver con valores económicos. Géminis, primero necesita adiestrar sus palabras, luego pasar al aumento de lo que sea su peculiar voluntad.

La inteligencia artificial (una rama de las ciencias de la computación) y la lingüística son temas que pueden ayudarte magistralmente a desarrollar tus dones. ¿Has oído hablar de John Langshaw Austin? Este inglés desarrolló una teoría sobre las dimensiones pragmáticas del lenguaje. En su libro *Cómo hacer cosas con las palabras*, trabajó enfáticamente en palabras que son llamadas "actos del habla". Las sutilezas del lenguaje común y corriente y su aplicación como un método, son su común denominador. Hay

*"Géminis, busca tu epítome, una sinopsis de ti mismo."*

*"Géminis nace con una sabiduría innata que le mostrará cómo aprovechar ese poco más que la vida presenta a su conveniencia."*

**49**

varios ejemplos en el caló callejero. Un ejemplo es decir *no pasar de perico perro* (no poder salir de una mala situación económica). Para ti, Géminis, estudiar lingüística con sus variantes a *priori* y tener un diccionario a mano para usar con toda corrección las palabras es de suma importancia.

(Y aquí es donde puedes parar de leer un momento y hacer una lista de todo lo que deseas sumar en tu vida o quisieras poder sumar).

Otro ejemplo de lo que se puede hacer con las palabras es pensar en el porqué y el cómo; al decir, *yo te bendigo o te nombro*, se está cometiendo un acto en sí. Las acciones son parte de las palabras así como cuando se dice "perdóname" se compromete el hombre a algo y a veces al hablar está uno montando toda una escena con distintos propósitos.

*"Géminis viaja sobre las corrientes de la mente humana."*

Géminis podría leer tanto a J. L. Austin como a Descartes —quien por cierto, nunca daba su fecha de nacimiento para que los astrólogos nunca elaboraran su carta astral— ambos son de gran aprovechamiento para Géminis y con los dos se esclarecerá su propio punto de vista y se vislumbrará qué hacer, cómo hacerlo y con quién.

Los libros o los escritos recomendados para cada signo del zodiaco pueden ser leídos al azar. Al abrirlos, ustedes encontrarán en "esa" página la indicación adecuada. Sobre todo si han sabido hacer la pregunta adecuada —relacionada con ese poco más personal.

Existe una conexión cósmica para cada uno de los habitantes de todos los signos del zodiaco que resulta más que evidente, si la usan. Géminis, si logras un mejor conocimiento de las palabras comenzando por el significado real de la palabra dinero, y después ahorrar (¿sabías por ejemplo que un hombre común y corriente que trabaja toda una vida en una oficina, gastará noventa mil horas de su vida dentro de ella?), finanzas, liquidación, recursos... Además la locución, la semántica, la poesía, la lectura, la palabra y el estilo de conversar, los actos del habla y la intención de la expresión y el vocabulario explícito es lo que a la larga o a la corta deberás convertir en tus mejores aliados para conseguir más, escaparse de menos y divertirse dentro de tus propios tiempos escogidos.

*"Para cada mes de todos los años del resto de tu vida, es importante tener tu frase momentánea en un lugar accesible."*

Cada Géminis tiene que cargar su propio mundo de lenguaje, conciente de que debe ser puesto a prueba para uso propio, junto con la práctica inteligente de una buena gestión. ¡Géminis, ojo con tus fines pues no siempre usas los medios adecuados! Tienes que prepararte para estar seguro de tener quien te respalde o cómo protegerte en caso de necesidad. Lo peor que puedes hacer es quedarte callado, aunque tengas que pegarle de gritos a tu propio banquero.

Algunos datos elaborados por el Banco Mundial fueron incluidos en cada signo con el fin de ilustrar lo poco que tienen muchos y lo mucho que tienen pocos. De allí, rescato para Géminis esto: si has podido leer estas líneas, has recibido una doble bendición. La primera es el hecho de que al tener este libro en las manos (comprado o regalado) formas parte de un grupo de seres humanos con la oportunidad de tomar una decisión propia; y la segunda es por poder leerlo. Leer es algo que más de dos mil millones de seres no saben hacer. A los humanos nos tienen que enseñar a leer. Los niños precoces que solitos y repentinamente leen un cuento en voz alta, lo hacen porque tienen el cuento a la mano, y existe una persona cercana que los estimula, pero recuerda: una tercera parte de la población del mundo no ha tenido esa oportunidad y no sabe leer.

*"A Géminis siempre hay que darle una segunda oportunidad, porque la segunda vez que hace o dice piensa algo, es cuando le sale mejor.*

Como he mencionado, tengo un libro sobre los verbos más adecuados y accesibles para cada signo. Entre ellos, arriesgar, cambiar, estudiar, pedir y llegar, pueden orientar a Géminis para adueñarse de un poco más de lo que sea su real y potente voluntad. Cualquier Géminis puede ser un personaje que con toda tranquilidad prescinda de pensar en algún beneficio ajeno para adjudicarse cualquier cosa. Gracias a que al dejar libre su suerte llega con cacumen analítico a donde desea, sin demasiado esfuerzo. Al mismo tiempo, los gastos relacionados con ideas nuevas, comunicaciones, movimiento y acciones, deberá hacerlos con la franca idea y el buen plan de compartir, incluir o repartir. Así es como prospera mejor.

# GÉMINIS Y EL EFECTO JÚPITER

Demócrito, presocrático, pensador colosal, llamado por algunos el filósofo hilarante, dijo: "El habla es imagen de la vida". Para este gran cosmólogo, observar y percibir era lo más importante. Excelente premisa para Géminis quien tiene por nacimiento una imagen vital y excelente en su séptima casa, área que incide con el trabajo hacia los demás y el compartir. Júpiter ayuda a Géminis a controlar su vida compartida. Sus amigos y conocidos quieren creerle, aunque a veces, Géminis se olvida de sus compañeros de viaje (aquellos que se suben con Géminis al mismo auto o avión, con los que comparte cama o con los que se topa en la calle). Cuando a Géminis se le acusa de olvidadizo, puede estar seguro de que Júpiter se olvidó de su pasajero cósmico (el individuo Géminis, por su puesto). En otras palabras, Géminis se descarriló. Cuando esto suceda, Géminis no te pierdas de vista y trata de estar más al día dentro del área de las informaciones. Eres de los consentidos del efecto Júpiter, simplemente por haber nacido en la fecha que te confiere este signo. Con frecuencia verás que aquellos considerados simplemente como "los demás" desean compartir *un poco más* contigo. Cuando las cosas no fluyen así, si sientes a los que te rodean hostiles, estás *fuera de curso* y debes buscar ayuda. Moderadamente, sin pena ni enojo. De no hacerlo, deshabilitas la relación tan benéfica que tiene tu signo con Júpiter. Invierte más tiempo en

*Palabras: dinero, ahorro, finanzas, liquidación.*

averiguaciones previas, en especial cuando creas o sospeches que no todo está a tu favor. Ten presente

*Verbos: arriesgar, cambiar, estudiar, pedir y llegar.*

que por lo general, aquello que tenga que ver con dualidades sostiene a tu signo. Recuerda "dos cabezas son mejor que una" o, "a sus virtudes, bondad; a sus fallas callad". Tú eres quien puede lidiar mejor que nadie con duplicidades porque te refuerzan. Esto tiene su raíz en tu símbolo; dos líneas horizontales representan los pilares del templo de la humanidad por las cuales todo ser humano debe pasar una y otra vez mientras progresa. Tu deber es prodigar inteligencia, no almacenarla. Infórmate bien, comprende las ramificaciones que tu signo te *confiere*, y luego dispón de Júpiter para conseguir mucho más de lo que ya tienes.

Todos merecemos *un poco má$*, lo que sea nuestra voluntad, y si aprendemos a encauzar el efecto Júpiter dentro de nuestro propio cielo (en este caso el que ampara a Géminis) podremos acomodarnos con facilidad, como individuos con mayor oportunidad de tener, conseguir, mantener y acrecentar. Así, todo lo que nos venga disfrazado de *más* será inmensamente aprovechable. ¡Qué mejor poder gozarlo, conocedores en el saber de todo lo maravilloso, mágico y potente que tiene este signo! Nada hay más lujoso que esto.

Y recuerda, Géminis, *un poco má$* tiene que ver con lo que tú lograrás proyectar: ¡así de fácil!

# CONCLUSIÓN

Tú eres quien puede encontrarle su propio destino a cada peso, moneda o pagaré. Tú eres quien debe tomar en cuenta que simplemente en Estados Unidos, en un solo año, fueron acuñados más de diez mil millones de "pennies".

Es Géminis quien mejor comprende el viejo dicho hindú que proclama: "Cada moneda trae su propio espíritu esquivo". Además, siempre te harás un favor combinando fortunas.

# CÁNCER

---

Clave
*Acumulación de satisfactores*

**Del 22 de junio al 23 de julio**

*"Las cosas no cambian pero con el tiempo
nuestros deseos sí lo hacen"*
MARCEL PROUST

---

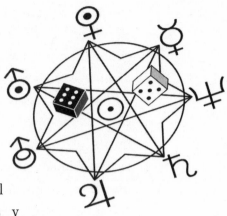

## JUGADA

Para que Cáncer pueda desear ese *má$* que lo haga feliz, necesita estar de buen humor. Y para ello debe, ante todo, hacer una reserva del mismo: satisfactores, alegrías y gracias. Esto comprueba que entre los doce signos del zodiaco, Cáncer puede ser el más complicado. Sus deseos y sus sueños son sus tesoros y difícilmente los comparte. Cáncer necesita seguridad y constantemente teme perderla; seguridad de que los demás lo "comprendan" y seguridad en su memoria para que no pierda fuerza. En el listado al inicio de este libro menciono que, para Cáncer, *un poco má$* tiene que ver con las cuentas de su propio ego y la ligereza de su alma. Pero esa ligereza es, precisamente, *su guardado de satisfactores*; puede ser una risa clara y contagiosa o cien cadenitas de oro. Una y otra vez es puesto a prueba (posiblemente la Luna, su astro protector, se lo exija): no logra almacenarlos como debiera o cree que los perdió. Pero son artimañas y su propia fe es algo importante para su vida, que sus *guardados* le ayudan a creer en sí mismo: se aliviana.

¿Has jugado alguna vez *Imagínate un día perfecto*? Con los ojos abiertos o cerrados, cada quien imagina

*"Cáncer nutre y necesita nutrición, y esta palabra es clave para sobrevivir físico y moralmente."*

*"La luna, sus fases, su paso y su enigma, son cosas que deben ser relevantes en la historia de quien ha nacido en Cáncer."*

lo que más quiera para lograr un día perfecto, mientras la Tierra gira en el espacio a unos 30 kilómetros por segundo. Es un excelente juego para Cáncer, símbolo materno, lunar, poseedor de tres corazones, a quien la rapidez no le impide pensar: "Me despierto en un cuarto fresco, con brisa y el olor de un mar picado. Mi pareja me trae el desayuno a la cama (sabroso café bien caliente en tazón de porcelana fina, rico pan, buena mantequilla y mermelada de naranja escocesa). Los periódicos (en varios idiomas) anuncian que gané el premio mayor de la lotería y (como es un día perfecto) mi teléfono celular sí funciona, mis seres queridos responden y puedo invitarlos a cenar a un *bistro* parisino (no importa dónde estén, pues les envié boletos de primera) y les hago saber que desde hoy, mi día perfecto, puedo regalarle cualquier cosa a quien yo quiera y comprarme todos los libros que se me antojen". Por aquello del broche de oro me informan que he ganado el Nobel de Astrología, premio recién otorgado en este mágico milenio por considerar a dicho arte de suma importancia para reconfortar el bienestar ajeno. Como todo Cáncer, tengo un sentido de la injusticia un poco sobre-desarrollado. Mi día perfecto me sucedió dentro de un lapso no mayor a dos minutos, pero no hay límite de tiempo para jugar a algo tan simple y quienes participan siempre ganan: todos.

*"Todo lo que Cáncer escoge, hace, produce, fabrica, cera y concibe, se le aparece en sus sueños y motiva su disponibilidad."*

Hay quienes dicen que el día de ayer fue su día perfecto y, repito, otros sufren al jugar este juego pues piensan en la reparación de sus seres queridos. No hay nada mejor para un individuo de signo Cáncer que jugar esto y ponerse de buen humor para afrontar el día, planear cómo obtener lo deseado, compartir y dejarle los sueños a un juego. Diariamente.

# CÁNCER Y LOS VALORES

Cáncer, sin un presupuesto, es caso perdido. El verbo presupuestar fue recientemente aprobado para su inclusión en el Diccionario de la Real Academia de la Lengua Española. Presupuestar significa "suponer o calcular determinado importe a una obra o acción proyectada". Por otra parte, el sustantivo "presupuesto" significa "cálculo anticipado de los gastos o del costo de una obra o servicio". Pero para Cáncer, un presupuesto puede ser (por su signo exagerado y sutilmente sensitivo) una obligación tributaria sin saberlo y esto, por lo general, le cuesta mucho trabajo aceptarlo. Sin embargo, así es; sus aguas son inquietas. Cáncer necesita aprender a reaccionar con la razón y poner sus emociones a trabajar cuando son llamadas a estar allí. Espontáneamente y con cuidado.

Cáncer a menudo dice "siento que", en lugar de "creo que". Cáncer no vibra por los sentidos, le rigen sus emociones. Todo le entra por el lado emotivo, lo cotidiano y el mundo de lo que sueña. Por lo mismo, "siente" que necesita cosas o "siente" que debe decir, lo cual en realidad demasiadas veces ni siquiera viene

*"Cáncer puede ser demasiado posesivo o experimentar impresiones intangibles y relacionarlas con su vida, sin que esto tenga que ver con la realidad."*

al caso. Cáncer debe, por lo tanto, tomar el ejemplo de *Alicia en el país de las maravillas*: cuando a la niña se le apareció el gato de Chesire y le preguntó qué camino tomar para salir de allí, el gato le respondió: "Depende mucho del punto a dónde quieras ir". Y ella, sin titubear, le contestó: "Me da igual dónde, siempre y cuando llegue a alguna parte".

Leer *Alicia en el país de las maravillas* así como *Alicia a través del espejo* no le hace mal a nadie, y a Cáncer le hace un inmenso bien. Al leer estos textos, Cáncer estará educándose económicamente sin darse cuenta de ello; de la misma manera sucede con los mensajes subliminales, cada vez que son asociados con Alicia. Es recomendable que Cáncer lea una vez cada doce años (como mínimo) algunos fragmentos de estos libros, si es que no tiene tiempo para leerlos de nuevo. Misma cantidad de años que conforman el ciclo del importante efecto Júpiter. Bajo el efecto Júpiter, Cáncer aprende a reflexionar sin pesadumbre acerca de asuntos que ni siquiera le incumben. Además, da a Cáncer un buen paseo por el mundo del humor y la inteligencia, producido por imágenes incongruentes. Excelente también para reafirmar la mente y elaborar presupuestos económicos o morales, y aproximarse con brío a *un poco más* de todo.

Especifico con énfasis, y en especial para los portadores de este cuarto signo, que no estoy eliminando lo dicho por la maravillosa actriz Catherine Deneuve en una entrevista donde se le cuestionó lo siguiente: "Seguramente eres la mujer más dichosa del mundo, has tenido hijos con hombres maravillo-

*"Cáncer carga su propia historia como antifaz, masticándola sin permiso de su propio ser, tragándosela a pesar del gusto que tenga, digiriéndola hasta que forma parte de glóbulos blancos, rojos y fibra."*

sos, eres una actriz magnífica y famosa, tienes dinero y belleza y portas tu edad como reina". Ella contestó con voz baja y un cierto aire de pesadumbre: "¿Cómo puedo ser feliz con todas las carencias, injusticias y tragedias mundiales? Me afectan mucho porque la pena que me abruma me oprime. Me hace sentir culpable; estoy tranquila conmigo misma, pero ¿feliz? Eso es para aquellos que no tienen conciencia".

Cáncer necesita sentir que hay algo sólido en su propia casa (por lo mismo a veces es un incansable coleccionista) y debe aprender a pisar con firmeza para no adueñarse en abundancia de penas ajenas. Para Cáncer también es importante saber con quién podrá dejar sus bienes. Dejárselos a alguien mientras sale de su casa. Los que no son Cáncer deben aprender a su vez a recibir sus encargos como premios de buena amistad. Cáncer piensa constantemente en lo que dejará para la posteridad, pero no lo admite y se tranquiliza haciendo listas y presupuestos relevantes. No importa la edad que tenga: "la mata ya se dio al nacer". Lo estable, lo que tiene continuidad y lo que inspira confianza, es lo que tiene que domar para ilustrarse.

Le pueden decir a Cáncer: "Matrimonio y mortaja del cielo bajan", y su otro yo en el espejo fácilmente puede contestar lo que alguna vez dijo Rockefeller (también signo Cáncer): "Revisar nuestras prioridades: una crisis nunca es solamente material, es una crisis del espíritu". Cáncer debe volver a Lewis Carroll para re-encontrarse.

Siempre se tendrá congruencia cuando se piensa

*"Cáncer, debes estar conciente de las lunas llenas y aprender a gozar su energía."*

**63**

en *acumular*, como lo expresado por el maravilloso y metafórico ser Humpty Dumpty quien dice: "Cuando yo uso una palabra (en tono despectivo) quiere decir justamente lo que yo quiero que diga, ni más ni menos". Alicia le pregunta si cree que puede hacer que las palabras signifiquen diferentes cosas. El personaje huevo, próximo a romperse en mil pedazos, le contesta frescamente: "¡La verdadera cuestión es saber quién manda!" En palabras del buen Cáncer: "¿Cómo adueñarme de lo que acaparo?".

*"El que se acerca a Cáncer, se acerca al signo que nos da vida, calor y sueños."*

El personaje huevo termina mal, pues se rompe y nunca puede reponerse; Alicia, ejemplo de lo que Cáncer puede hacer, entra y sale del cuento y de su propia realidad, para experimentar lo que quiera. Esto demuestra a Cáncer que la realización de una gran montaña de pesos y centavos es posible si se atreve a soñar desde el principio de su "propia historia".

El apuntador de escena es quien marca las líneas del actor unos segundos antes de entrar sobre tablas. El siguiente refrán popular puede servirle a Cáncer para alistarse y ponerse a salvo de muchas circunstancias:

> *La envidia y la admiración*
> *parientes dicen que son*
> *aunque un tanto diferentes*
> *al fin también son parientes*
> *el diamante y el carbón.*

Tu inestabilidad lunática, divertida y airosa, a veces puede dejar de avistarse cuando algo realmente vale la pena o no, específicamente en aras de cosas que tienen que ver con un *co$to*. Un buen ejemplo es cuando un día me recriminaron el gasto que había hecho al comprar, en una subasta, un auténtico pedazo de meteorito con todo y "certificado de autenticidad". Aún hoy es una de mis posesiones más preciadas, aunque tenían razón: el gasto sí fue excesivo. ¡Casi me produjo un divorcio!, pues fue canto y cuento de nunca acabar y, para mi gran pesar, al confiarle a mis amistades la burla de mi marido y su incansable enojo, todos le daban la razón (mi signo es Cáncer, por supuesto).

Así es que vale la pena entender y gozar a Alicia (la del cuento): elaborar presupuestos eficaces y tener dos cuentas personales (una para tu seguridad diaria y otra, secreta, para los gastos superfluos: un meteorito, un cuadro, ese suéter). Buscar tiempo para regalarte tus momentos y poder soñar en privado sobre cómo quisieras pasar días ideales, impecables, hermosos o admirables. Date tiempo para imaginarte comprando la misma Arca de Noe, si quieres, y fíjate bien si lo pagas en efectivo o con tarjeta de crédito; si utilizas el plástico en tus sueños, ¡cuidado! Conseguir y consumir son dos cosas diferentes, y la Luna, así como te cuida, puede orillarte a cometer locuras. Para mejorar tu relación con pesos y centavos, debes amaestrar tu disposición canceriana: "desmochar", en vez de dejarte llevar por un suave vaivén de emociones, te refuerza, a pesar de lo que digan los demás. Aprende a leer y releer, a gozar en lugar de amargarte por pequeñeces. ¡Así ayudarás a

*"Es impresionante cómo los habitantes de este signo pueden cambiar de humor y poner a quienes les rodean de buenas, de malas, histéricos o amorosos, porque su poder síquico es fuerte."*

tus propias estrellas!, y con tu efecto Júpiter seguramente conseguirás mucho más de lo que creías posible.

# CÁNCER Y EL EFECTO JÚPITER

Con Cáncer aparece la objetividad, contraria a todo lo subjetivo. Luz y sombra, representadas en escrituras egipcias milenarias, bailan según el ángulo del paso de nuestro astro rey, el Sol. Existe una historia que narra la manera en que la conciencia de Cáncer observó cómo el metabolismo de las hojas de una planta convertía, con la energía solar, las substancias necesarias para que las hojas crecieran a su tamaño final, Cáncer está para nutrir. El alma de Cáncer está ligada con la magia de la gran elaboración mística que tiene su signo. Desde hace milenios era conocido como el que nutre, gesta y, por lo tanto, ayuda a crecer. Su propio ego se construye *in utero*. También es conocido que a través de Cáncer nuestro sistema solar roza la galaxia, y a mí en particular esa idea me encanta. Cáncer siente lo que está por venir y lo que aparecerá. Ve el futuro en las cosas más frívolas a las cuales puede convertir en necesidades básicas. ¡Y funciona! ¿Habrá sido Cáncer quien elaboró el primer pan? No lo sé, pero lo cierto es que Cáncer tiene el don de saber cómo usar el dinero para convertirlo en algo productivo. El agua, su elemento, siempre toma la forma de su vasija: refleja,

*"Cáncer, los demás signos deben tener la oportunidad de buscar tu apoyo para que tú, a la vez, puedas ayudarlos a ser acompañados por ese algo perenne que escogieron con tu misma sagacidad."*

disuelve, limpia y ayuda a crecer. Las inversiones a largo plazo y las llamadas a futuro llenarán sus cofres. Tener, mantener y sostener son modos y maneras confeccionados para sus fuertes tenazas de cangrejo. Perfeccionar la manera de usar sus pinzas le ayudará a desarmar a quien quiera. Júpiter le da resplandor a todo lo que tenga que ver con su crecimiento personal, envergadura propia o el cumplimiento de sus deberes. Simplificando, puede hallar cómo rellenar sus arcas mientras limpia el piso... Algo sucede, Cáncer, para que súbitamente tengas inspiraciones inesperadas durante los momentos más comunes y corrientes, simplemente por ser del signo que eres.

Oliver W. Holmes dijo: "No pongas tu interés en el dinero, pero pon tu dinero a interés". Excelente frase para los de este signo.

*"Cáncer se acuerda de todos los pasos que dio para poder escoger lo que hoy le acompaña."*

Existen ciertos datos elaborados por el Banco Mundial, que he repartido dentro de cada signo con el fin de ilustrar lo poco que tienen muchos y lo mucho que tienen pocos. Si tú, Cáncer, tienes comida en tu refrigerador, ropa que ponerte, un techo y una cama para soñar; tienes más del setenta y cinco por ciento que los demás habitantes de nuestro planeta. Espero que de verdad los tengas y sé que reflexionarás sobre los hechos.

"La imaginación es el ojo del alma" dijo J. Joubert. Tú, Cáncer, te harás un gran favor si imaginas a una próxima generación disfrutando, compartiendo o aprendiendo algo de lo que puedes repartir. Alguna vez escribí un libro sobre los verbos más adecuados

*Verbos: dar, curar, despertar, recordar, hacer y ser.*

y accesibles para cada signo. Entre los doce que específicamente le correspondían a Cáncer se encuentran: dar, curar, despertar, recordar, acercar, hacer y ser. Éstos deberían ser conjugados en todos los términos por ustedes, hasta comprobar que *un poco má$* siempre será posible.

Todos merecemos *un poco má$*, lo que sea nuestra voluntad, y si aprendemos a encauzar el efecto Júpiter dentro de nuestro propio cielo (en este caso el que ampara a Cáncer) para acomodarnos mejor y saber qué pedir cuando tenemos oportunidad de hacerlo, todo será mucho más aprovechable. No hay nada mejor que gozar cualquier cosa que la vida nos ponga en cara con la ayuda de los buenos augurios de tal o cual maravilloso, mágico y potente signo. Al comprender esto, además de disfrutarlo, siempre aprenderemos *un poco má$* por haberlo vivido. ¡Y Cáncer nació para aprender a disfrutarlo!

# CONCLU$IÓN

Como tentempié, Cáncer, no dejes de mirar la posición de la Luna, y si está en su fase "llena" (que sucede cuando el Sol y la Luna están en signo opuesto), calma. Recuerda que tus emociones son tu mayor tesoro, ¡para bien y para mal! Tu ego y tus cuentas bancarias siempre estarán íntimamente ligadas, algo que predispone a ser demasiado indulgente contigo mismo.

¡Enhorabuena! Tus satisfacciones son tan personales que *un poco má$* de cualquier cosa, siempre te serán ¡supercalifrásticoexcelentes!

Eso sí, por favor, no te olvides de Alicia y su país de maravillas.

# LEO

---

Clave
*Orgullo creativo*

**Del 24 de julio al 23 de agosto**

*"Rico y pobre se encuentran:
hacedor de ambos es Jehová"*
LA BIBLIA — PROVERBIOS

---

## JUGADA

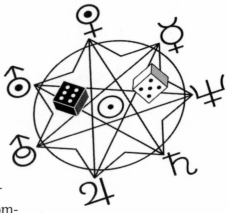

En el mundo de las matemáticas existen una infinidad de problemas sin solución y, a la par, siempre ha existido la resolución de problemas y los juegos que los acompañan. Leo, quien gasta mucha energía en su vida para rugir (cada uno a su modo y de manera individual) tiene una gran —leonífica diría yo— capacidad para ayudarse, ayudar a otros y programar jugadas para componer al mundo en general, personal o simplemente para afrontar todo. Por eso tiene ese apabullante signo. Hay quienes insisten que cada bebé escoge su momento y su madre para nacer, de Leo sí lo creo. Leo gusta de su propia compañía y por lo general "no necesita de vejigas para nadar". Existe un dibujo, con más de 500 años de existencia, en el que Leo le pregunta a otro: "¿Cuántos leos se necesitan para alumbrar un cuarto?", y un hombre sabio contesta: "La respuesta es sencilla: se necesitan mil leos; uno para detener la vela y 999 para aplaudirle". Todo Leo debe sentirse orgulloso de su propia reputación como eje central de lo que sea, porque Leo está aquí para mostrarnos lo bueno, lo grande, lo caro y lo mejor. A veces, simplemente nos permite observarlo. Y, para que su propia persona se llene de la

*"Leo está aquí para mostrarnos lo bueno, lo grande, lo caro y lo mejor."*

*"Eres indispensable para todo lo que tenga que ver con algo má$. Gracias a ti y tus presiones, ese algo se convierte por lo general en mucho, mucho má$."*

majestuosidad propia de su signo, debe tomar un rato de cada día para jugar a algo, además de siempre traer un juego entre manos.

Leo, si aprendes la siguiente historia, ya tendrás un juego. ¿Cuántos granos de trigo se requieren (resultado final) si se coloca uno sobre el primer cuadro de la tabla de ajedrez —son 64—, dos sobre el segundo, cuatro sobre el tercero y así, duplicando continuamente hasta el cuadro final? Una hermosa leyenda cuenta cómo Sissa, un brahaman que vivía en la India, inventó el ajedrez por petición del rey Idava, quien había perdido a su hijo en una batalla y cayó en un estado de profunda postración. Sissa se dedicó a crear un juego que pudiera sacarlo de tal depresión y se presentó frente al soberano con un tablero de 24 casillas y un juego de piezas de madera tallada; en pocas horas el rey jugaba con sus ministros. Este juego le sirvió para aprender de sobre los errores cometidos en combate y que se debe luchar permanentemente por logran nuestros objetivos. Cuando le ofreció una recompensa, Sissa pidió un grano de trigo por la primera casilla, dos por la segunda, cuatro por la tercera y así sucesivamente hasta llegar a la sexagésimo cuarta. Le pareció poco al rey, pero ignoraba que para cumplir su promesa necesitaba tal cantidad de trigo que haría falta que todo un territorio de la India fuera cultivado durante 100 años. Tú, Leo, necesitas numerosos juegos para que consigas todo lo que deseas.

Desde entonces, el ajedrez se ha convertido en el único juego en que se gana sin contar con el factor

*"Para Leo, el juego es un espejo que le ayuda a acomodarse dentro de su gran hambre existencial."*

*"Leo, quien es regido por el $ol, carga en su historia cósmica la representación del oro."*

suerte; tiene más posibilidad de jugadas que número de átomos en el universo, y no deja de ser considerado como un reflejo en miniatura de la vida misma.

Uno de los primeros libros impresos en inglés, en 1457, fue *The game and play of the chess* [El juego y jugada del ajedrez]. Iniciativa, calidad, apertura, apuro de tiempo, gran maestro y maestro internacional, simultáneas, táctica, tempo-tempi, y la palabra alemana *zugswant* que significa obligación de jugar, son términos frecuentemente utilizados en el ajedrez. Usa lo que puedas del listado Leo, para ganarle a quien trate de mejorar lo que tú eres capaz de conseguir.

La auto-maestría y los trucos que pueden proporcionarte tanto el aprendizaje de este juego, como las historias acerca del mismo, son únicos. Una vez que lo domines subirán tus bonos y verás que la parte loable que acompaña a todo Leo comenzará un ascenso sin precedentes. Además, podrás aproximarte con mayor lujo al sabio Aristóteles y gozar plenamente de sus palabras: "La riqueza consiste mucho más en el disfrute que en la posesión".

¡Todo lo que sube, baja... y con tantos puntos posibles a tu favor, debe existir un problema para mostrar tu capacidad de conquistar algo, meollo de tu signo! Seguiremos hablando tanto del ajedrez y de los juegos, así como del factor suerte. Mientras tanto, toma en cuenta que, desgraciadamente, y quizá muy a tu pesar, siempre habrá alguien mejor que tú (como para todos, pero esto a Leo le duele más) quien podrá —con cierta facilidad— hacer de mejor manera y

*"El honor, su infatigabilidad, su don de mando y su ambición autoritaria, por lo general, ayudan a la mayor parte de los Leos a salirse con la suya."*

quizá con mayor destreza, cualquier cosa de las que te has empeñado en construir, obtener, crear o aumentar. ¡Qué importa! No lo harán con tu envergadura, eso sí es fundamental.

Tal como dijo M. Mencken, "no hay materias aburridas, sólo escritores obtusos". Todo Leo debe aprender que no necesita contar para salir ganando. Es importante saber que darse por vencido es tan valioso como comenzar a jugar. Al entender esto, comenzarás a amasar una verdadera fortuna.

## LEO Y LOS VALORES

*"Estrategia, decisión, imaginación, concentración."*

Hace algunos años se decía que el mayor número visto en el mundo financiero era 496 585 346 000 000 000 000. Esto representaba la cantidad de dinero en circulación en Alemania durante la inflación que tuvo lugar antes de la Segunda Guerra Mundial. Si Leo quiere apantallar con números, basta que nos participe que él o ella sabe cuántos átomos pululan y le dan vida a cualquier cosa. Por ejemplo, dentro de un dedal se dice que caben 1000000000000000000000000000 (veintisiete ceros) átomos. Existe una palabra: googol, que es aún más impresionante. Googol, de acuerdo con mi diccionario internacional inglés-español, es el número uno seguido de cien ceros. La palabra la inventó un niño de nueve años, sobrino del matemático Kasner.

Hay que tener en cuenta que este número, con un

nombre tan específico, fue calculado hace poco, muchísimo después de la gran discusión entre hombres bizantinos y sabios de antaño, quienes discutían sobre la capacidad sobre la cantidad de ángeles que podrían caber en la punta de un alfiler. Los ángeles o los sabios podrían haber sido Leo. Pero ambos bandos seguramente no.

Debes sentirte cómodo con estos datos Leo, porque para ti generalmente no hay límites. Si te limitan, simplemente no haces caso y si te toca poner límites, edifícalos a tu gusto sin olvidar lo dicho por Juvenal: "El deseo de dinero crece tanto como el dinero mismo".

Para Leo, *un poco má$* tiene que ver con el placer de su propia creatividad, con los límites que él mismo traza. Y como para ti Leo, todo se dirige hacia el infinito (en ambas direcciones) eres indispensable para todo lo que tenga que ver con *algo* más. Gracias a ti y tus presiones, ese *algo* se convierte, por lo general, en mucho, mucho más.

Leo tiene que acostumbrarse a jugar alguna cosa con regularidad, de preferencia ajedrez. Si gana o pierde da lo mismo, al apostar con la posibilidad de poder ganar, siembra oro en su persona. No quiero decir con esto que debe mandar a volar a los otros juegos: mentales, corporales, de suerte, de mesa, de campo, de computadora, de calle, festivos, trucados, con apuestas, de maquinitas y de maquinotas, el gato, mi gallo, la gallina ciega, inversiones de alto riesgo, etcétera. Leo debe darse la oportunidad de observar el maravilloso gesto de un león jugando,

*"Para Leo es importante saber que darse por vencido es tan valioso como comenzar a jugar. Al entender esto, comenzarás a amasar una inmensa fortuna."*

*"A través del juego comprenderás cómo producir y así los dados rodarán a tu favor."*

plasmado en un papiro celosamente cuidado en el Museo Nacional de Egipto, fechado unos 2200 años a.C. Para Leo, el juego es un espejo que le ayuda a acomodarse dentro de su gran hambre existencial. Hambre de conquistarlo todo y tener el mundo a sus pies. ¿Qué se lo puede impedir?

"Se dice que la costumbre es como una segunda naturaleza; pero tal vez la naturaleza no es más que la primera de las costumbres". Esta frase del gran Blaise Pascal, es lago que Leo debería ponderar para lograr ese poco más de lo que sea; el suyo, tuyo o para quien decida que lo merece y, por ende, se haga costumbre. Así, Leo, todos vendremos a rendirnos a tus pies o por lo menos nos esforzaremos más en hacerlo.

*"Leo tiene fama de valiente, pero más bien, tiene la capacidad de actuar de inmediato."*

Existen algunos datos elaborados por el Banco Mundial, que he repartido dentro de cada signo con el fin de ilustrar lo poco que tienen muchos y lo mucho que tienen pocos. Para el caso de Leo, un informe menciona que si redujéramos la población de la Tierra a la de una aldea con exactamente 100 habitantes, conservando las proporciones humanas existentes, veríamos como resultado que seis serían dueños de la riqueza de toda la Tierra, y esos seis serían estadounidenses. Los países también tienen signo astrológico, y Estados Unidos de Norteamérica pertenece al signo de Cáncer. Leo, quien es regido por el Sol, carga en su historia cósmica la representación del oro, aunque curiosamente su respeto por el dinero en sí es (astrológicamente) mucho menos evidente que el de otros signos. Leo refuerza también la carga simbólica del despertar del comportamiento adecuado en el momento adecuado; tiene fama de valiente, pero más bien creo que tiene la capacidad de actuar de inmediato. Y Leo tiene derecho a confiar en que hará lo justo cuando esté acorralado. Si eres Leo y estadounidense, reparte. Si no lo eres, construye. Leo puede contarle a los otros once signos que Alfonso X, conocido como el Sabio, alrededor de 1238 mandó hacer una compilación del primer libro de entretenimiento de la historia europea: el *Libro de los juegos*. Los juegos son un espejo de su tiempo. Un texto hindú, fechado hace más de mil años a.C., dice que: "La gran fuerza de la naturaleza kármica puede ser puesta al servicio personal cuando es invertida y puesta al servicio del ser que vive dentro de todo humano, le permite convertirse en héroe, pionero o santo". Cualquiera de los tres sustantivos son presa fácil para Leo quien, con el mínimo cambio de dirección, encuentra la facultad de iluminarse y repartir energía. Traduce fríamente la frase de A. Allais: "El dinero ayuda a soportar la pobreza". Encuentra tu propia energía para aconsejar a los demás cómo buscarla. Y nunca descartes la representación de los juegos en la vida diaria. Actualmente se consume más tiempo frente al televisor y los deportes, que en cualquier otra cosa. El ajedrez era el juego de los reyes de la Edad Media, y para Leo, todo lo que se necesita perfeccionar para poder jugarlo puede aplicarlo para ir a la búsqueda de su sueño. Estrategia, decisión, imaginación, concentración y una mínima habilidad para prevenir tropiezos.

*"Todo Leo debe sentirse orgulloso de su propia reputación como eje central de lo que sea."*

*"Poder transformar las cosas es clave para Leo, el signo magnánimo, siempre dispuesto a ganar."*

Circunspección y, ante todo, aprender a no descorazonarse cuando las cosas no marchan como Leo desea. Siempre habrá otra jugada, y si no la logra encontrar es porque no ha entrenado lo suficiente.

Alguna vez escribí un libro sobre los verbos más adecuados y accesibles para cada signo, algunos de ellos escogidos bajo la teoría de que cada uno de los doce signos es un lenguaje en sí mismo. Para Leo, estos verbos eran: armonizar, defender, disfrutar, gastar, valorar y celebrar. Cada verbo venía con su explicación personalizada, pero en el caso de Leo, lo más importante era que aprendiera a compartir estos verbos con sus semejantes. Cuando el filósofo Nietzsche afirmó que el egoísmo es la esencia misma de un alma noble", se dirigió a todo Leo. Así es que Leo tiene que aprender a confirmar esto con una gran dosis de democracia.

# LEO Y EL EFECTO JÚPITER

Leo, si logras compartir tus dones (dentro del ámbito de tu propio mundo) y logras que los que comparten sus vidas con la tuya observen que juegas inteligentemente con tus experiencias diarias, mejorarás el mundo de la misma forma en que el aleteo de una mariposa se siente al otro lado del mundo, según los místicos orientales. A través del juego comprenderás cómo producir y así los dados rodarán a tu favor. Hay un excelente libro escrito por el filósofo francés Roger-Pol Droit, que recomienda encontrar diversión en situaciones banales, gastos cotidianos y acciones que hacemos sin cesar pero que pueden convertirse en puntas de lanza para apantallar y motivar el nacimiento de una filosofía propia. "Llegarás adonde quieras ir", asegura el inventor de esta divertida acción-juego. En su libro, *101 experiencias de la filosofía cotidiana*, da 101 consejos para aligerar la vida. El autor afirma que el propósito del juego es provocar pequeñas delicias y abrirse puertas en la cabeza. Yo iría aún más lejos, le diría a Leo que esta es una excelente ocupación para su alma. Cuando Júpiter, el evidente organizador del "efecto Júpiter", pasa por lo que llamamos en lenguaje astral la quinta casa, los elegidos del momento encuentran oportunidad de brillar por atreverse a ser como siempre han querido. Mejora las relaciones con personas y personajes en general, es muy productivo para aquellos que quieren afianzar posiciones políticas, aumenta la potencia y la creatividad del individuo; se presentarán oportunidades para el crecimiento personal y aparecerá una fuerza que instiga a hacerse valer con optimismo. Tú, Leo, tienes a Júpiter en esta posición por nacimiento ¡siempre! Con tanto vigor, tus bajas son dramáticamente imponentes, pero siempre sales adelante y, por lo tanto, tienes una deuda con el cosmos —implícitamente personal— porque todos somos parte de él. En un mundo tan disparejo, es imposible elaborar un buen patrón de globalización. Leo puede, sin embargo, enseñarnos a darle gracias a la vida de alguna ma-

*Verbos: armonizar, defender, disfrutar, gastar, valorar y celebrar; Leo debe aprender a compartir estos verbos con sus semejantes.*

*"La mayoría de los nacidos bajo este signo, tienen el don de saber ayudar, encaminar y entusiasmar a sus semejantes."*

nera. ¿Con una canción? ¡Con una caricia! Con la esperanza de algo que nos haga desear *un poco más*.

Todos merecemos *un poco má$* de lo que sea nuestra voluntad, y si aprendemos a encauzar el efecto Júpiter dentro de nuestro propio cielo (en este caso el que abriga a Leo) para acomodarnos en nuestro propio espacio-cósmico, geográfico, individual en busca de *un poco má$* de lo que nos toca vivir por nacer bajo tal o cual maravilloso, mágico y potente signo, podremos disfrutar con cálido placer.

# CONCLUSIÓN

P ara Leo, en la mañana siempre habrá *un poco má$*, pero no sabemos de qué. Si diariamente logras resolver algo, tu propia creatividad te permitirá alcanzar no sólo lo que quieres, o crees querer, sino que podrás también disfrutar las sutilezas que acompañan la búsqueda.

Lo importante es que no te limites. Acostúmbrate a jugar algo que puedas gozar tanto en la soledad como en compañía.

El dinero es algo que siempre te traerá nuevas experiencias creativas; dándolo o recibiéndolo.

# VIRGO

---

Clave
*Exagerada comprensión*

## Del 24 de agosto al 23 de septiembre

*"Con suerte, envergadura y buenos consejos...
la mente humana puede sobrevivir no sólo
a la pobreza, también a la riqueza"*
GILBERT HIGHT

---

# JUGADA

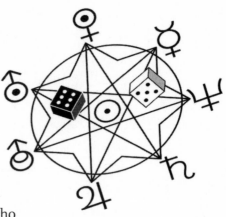

Hoy en día un millón se dice fácil. Un millón de frases es una frase que usamos comúnmente. Un millón de habitantes sería poco para un país. Un millón de pesos es mucho para andarlos cargando, y si tenemos que cargarlos es peor. En aproximadamente cinco minutos contamos hasta mil, pero cuando llegamos a una cifra superior a seis cifras (205 607 205 608; 205 609, por ejemplo), tardamos unos tres segundos por número. Aproximadamente tardaríamos 30 días en llegar para lo que entonces, seguramente sería "ese maldito millón". (Si quieren hagan la cuenta: ochocientos noventa y nueve mil novecientos noventa y nueve por tres —resultado, dos millones y 699 997 segundos— que en resumidas cuentas son unos 30 días o 750 horas). Ahora, si quieren precisión y rapidez —bajo otro punto de vista— cuenten los aleteos de una abeja. Logran aletear unas 250 veces por segundo. Si eres Virgo tienes la capacidad de corroborar mis datos, te lo agradezco y te lo envidio. Además, si eres Virgo harás mucho mejor en estudiar las palabras y el significado de todo lo relacionado con las cifras, economía, números y peculio. Incluyo diversos términos, sin duda tú los enriquecerás y podrás superar la lista.

*"... sí eres Virgo harás mucho mejor en estudiar las palabras y el significado de todo lo relacionado con cifras, economía, números y peculio."*

*"Junta 365 o 366 conceptos, uno por cada día del año."*

Banco, servicios, cargos, cuentas, cheques, crédito, costos, débito, cash, comisiones, cambios, pesos, dólares, euros y yenes, soluciones globales, impuestos, inversiones, estrategias, ganancias, mercados, recursos, sistemas, gestiones, organizaciones, asesorías, procedimientos, requerimientos, pólizas, bonos, bolsa de valores, dinero, capital, devaluación, G-note (billete de mil dólares), lucro, orden de pago, revaluación, certificados, adquisiciones, beneficiarios, beneficios, riesgo, ajustes, costos fijos... y si logras juntar 365 o 366 conceptos sería ideal. Una palabra por cada día del año con una extra si es año bisiesto. Puedes comenzar en el 2012, 2013, 2014, 2015 con las mismas palabras, el significado que les des, en cada ocasión, habrá cambiado. Una y otra vez como la órbita de la Tierra que le da la vuelta al Sol. Como se repiten los doce signos del zodiaco una y otra vez, año tras año. Crea tu propio banco de datos que acomodarás para conseguir *un poco má$* de lo que deseas, necesitas, quieres o debes exigir. La relación entre lo material y lo espiritual vendrá sola. Para Virgo, conocer también deriva en equivocaciones convenientes. Las repetidas ansiedades internas que todo Virgo porta en su cognoscitivo e inteligente ser, hacen que los demás lo acusen de perfeccionista. Pero eres quien mejor carga lo que obviamente no puede ser comunicado. Es algo que no reconoces. Y con frecuencia tampoco reconoces que lo que llevas, que lo que cargas (sean monedas, sean pesos, sean ideas o bienes) se convierte en asistencia, protección o amparo para otros. Sin plan, sin

*"Puedes comenzar en el 2002, 2003, 2004, 2005 con las mismas palabras, el significado que les des, en cada ocasión, habrá cambiado."*

*"Los repetidas ansiedades internas que todo Virgo porta en su cognoscitivo e inteligente ser, hacen que los demás lo acusen de perfeccionista."*

maña, ni ton ni son. Por lo tanto, con frecuencia también te quedas con lo mínimo. Tu contribución es constante y tu aprendizaje nos sirve a todos. Visualiza, imagina, inventa un conteo de algo que se pueda sumar, carga contigo siempre una computadora, *tablet*, o ábaco para que en el momento menos pensado puedas ponerte a contar cosas palpables como pesos y centavos, o imposibles, como estrellas. Lo importante es que no te cohíbas. La escala, una pesa o la báscula, es símbolo de Libra, pero Virgo es quien instintivamente pesa y mide todo desde el punto de vista de su alma. Aquí, hoy, nos avocamos a Ortega y Gasset quien escribió: "El cuerpo no es una cosa sino un drama de su vida". Virgo nace con el instinto claro de saberse y entenderse puesto sobre la faz de la Tierra. Desde el instante en que recibió su primer aliento cósmico, Virgo tiene sapiencia ancestral para usufructuar todo peso y cualquier medida. Para Virgo debe ser interesante que nuestra Tierra que ya se ha podido pesar (5 972 con dieciocho ceros toneladas métricas) cambia con su propio peso. Los cuatro y tantos kilos que pesa sobre la Tierra alguien al nacer, o los sesenta que tiene con este libro en mano también concentra la atención de Virgo, y es quien puede calcular, como a cada uno de nosotros nos tocará una tonelada métrica por persona. Virgo es quien puede explicarnos que la interacción más importante del cosmos es la gravedad. Y Virgo, por ser como es comprende la gravedad de la situación también. Podemos pedirle entonces a Virgo que

*Lo tuyo se convierte en asistencia, protección o amparo para otros... y con frecuencia te quedas con lo mínimo."*

*"Visualiza, imagina, inventa un conteo de algo que se pueda sumar..."*

convierta gravedades en algo que valga la pena, o valga la pena *un poco más*.

## VIRGO Y LOS VALORES

Virgo necesita saber contar. Pueden ser cuentas de gran capital, o de gran capitán, pero cuentas al fin y al cabo, y para hacerlas necesita estar consciente de los números y de lo que son capaces de producir. Evidentemente es mejor contar un millón de pesos que un millón de ovejas (aunque en la vida cotidiana las ovejas valdrán más que un simple millón de pesos) pero es menester que todo Virgo tenga sus números bien enfocados y aprenda desde la más pequeña edad el valor de las cosas. Para que todo Virgo baje a la Tierra, baje sus humos, o se ponga en el lugar que le corresponde, sería excelente que consiguieran un libro llamado *Padres de diez*. Este pequeño portento nos ilustra sobre las relaciones de tamaños de los objetos que conocemos (los humanos) del universo. Nuestro universo, que relaciona a los humanos con todo lo que nos rodea, donde nos encontramos como medida ejemplar y media entre la cifra más grande y más pequeña. Quasares a años luz y microscópicos seres. Un banal ejemplo podría ser la evidencia que materiales como el oro y el uranio —raros y valiosos— son productos de una gran explosión estelar. Cuando vemos las estrellas nocturnas, sin telescopio, a "puro ojo pelón", lo más lejos

*"... Virgo es quien instintivamente pesa y mide todo desde el punto de vista de su alma."*

que alcanzamos a ver es hasta cien años luz de distancia. (Alfa-Centauri como ejemplo). Eso quiere decir que hay unas estrellas cuya luz nos llega, pero ya no existen. Esto que pudiera parecer ciencia ficción tiene datos, números y explicaciones científicas pero con toda la realidad expuesta a Virgo podría preguntarse ¿estoy viendo las estrellas, o las estrellas me estarán mirando a mí? Para Virgo cualquier cosa es posible. O, Virgo hace que así sea. Por eso es tan importante que se relacione con los números, aunque no le plazcan las matemáticas.

*"Desde el instante que recibió su primer aliento cósmico, Virgo tiene sapiencia ancestral para usufructuar todo peso y cualquier medida."*

Virgo tiene relación directa, precisa y cósmica con la fragilidad del planeta Tierra, y si todo se mantiene matemáticamente según los cerebros científicos de la historia, el meollo de la mejoría que Virgo pudiera tener, en la circunstancia que quiera, está en relación con los números.

Hay algunos datos y cifras elaborados por el Banco Mundial que ilustran lo poco que tienen muchos, y lo mucho que tienen pocos. En números y porcentajes por su puesto. Incluyo a continuación un ejemplo para Virgo en especial. Si redujéramos la población de la Tierra a la de una aldea con exactamente 100 habitantes, conservando las proporciones humanas existentes, veríamos lo siguiente: hay 57 asiáticos, 21 europeos, 14 occidentales (del hemisferio norte y sur) y 8 africanos. De estos 100 habitantes, solamente uno sería dueño de una computadora.

*"... es menester que todo Virgo tenga sus números bien enfocados y aprenda desde la más pequeña edad el valor de las cosas... aunque no le plazcan las matemáticas."*

Debo recordarles que se hicieron muchos inventos antes de la aparición de las computadoras y que ENIAC, la primera computadora electrónica aparecida hace cincuenta años medía unos 25 metros de largo, pesaba 30 toneladas y se componía de unos 17 mil tubos. La comparación entre esta computadora y las nuestras es impresionante. Las del nuevo milenio guardan un millón de datos más que la anterior y son 50 mil veces más veloces. Cierto, Einstein encontró su ecuación premiada sin la ayuda de una computadora, y toda referencia a esto puede resumirse (para Virgo, quien podrá leérselo a cualquiera de los otros once signos astrológicos) con estas palabras dichas por el premio Nobel de Física: "En tanto se refieren a la realidad, las leyes de las matemáticas son inciertas; y en tanto son inciertas no se refieren a la realidad".

*"Para Virgo cualquier cosa es posible. O, Virgo hace que así sea."*

Virgo necesita saber que los diez dígitos (del 0 al 9) que utilizamos para contar ese poco más (o menos) fueron inventados por matemáticos hindúes antes de Cristo naciera y durante el séptimo siglo fueron introducidos por los árabes al mundo occidental. La manera más universal de contar, se llama conteo abstracto, porque separamos la idea de uno, dos, tres, cuatro de "la cosa" (de nuevo aparece ese *más* o *menos*) que estamos contando. Los sumerios (quienes también elaboraban cartas astrales) fueron los precursores de este tipo de conteo. En el mundo siempre aparecerán artefactos que han servido para contar, como el hueso de babuino con 29 rayitas bien marcadas que data de unos 35 mil años a.C.; los depósitos de granos del Egipto de la antigüedad (desde los ptolomeos) convertidos en "giro-bancos", desde donde se pagaban deudas y proveían los deudores como una forma de comprobar sus pagos en caso de litigios. ¡Virgo debe estar al lado de quien dispute, podrá perder, pero su lógica será siempre impecable!

Dicen los conocedores, que la mente humana concibe poco a poco los números que necesita. Nuestro cerebro mide y pesa lo mismo que el cerebro de una persona que vivió hace 40 mil años, pero en ese tiempo nadie tenía necesidad de contar hasta los billones tan comunes en nuestra era. Seguramente existen números inimaginables, que pululan por allí, con la precisión de un reloj atómico, pero nuestro cerebro difícilmente alcanza a imaginar el infinito numérico. Quizá simplemente no existe y siempre habrá ese *poco más*. A Virgo le podemos preguntar.

Para que virgo aterrice en el lugar adecuado y pueda disponer de la cantidad de billetes, deseos, momentos, construcciones, placeres, perfecciones, confianzas y ajustes ansiados, tiene que respetar todo lo que cuenta. Para eso hay infinidad de maneras de enterarse de los flujos de todo tipo de números. Esto es importante porque Virgo es capaz de conseguir más de lo quiere, y al mismo tiempo librarse de angustias, dudas, insuficiencias, agravios, inseguridades y críticas (personales o públicas).

En el libro que escribí sobre los verbos más adecuados y accesibles para cada signo, Virgo tiene relación con analizar, ayudar, entender, preocupar, razonar, contestar y ganar. Virgo no siempre gana, pero se siente tan capaz de hacerlo y tiene tanta confianza en sí, que cuando no gana puede contestar con absoluta despreocupación y buen razona-

*"Para que Virgo aterrice en el lugar adecuado y pueda disponer de la cantidad de billetes, deseos, momentos, construcciones, placeres, perfecciones, confianzas y ajustes ansiados, tiene que respetar todo lo que cuenta."*

miento "las estrellas no estaban conmigo, pero ya lo estarán".

Virgo puede convencernos de escribir sobre un papel las antiguas palabras en sánscrito; *parashakti, gnanashatki, matrikashaki* (fuego creador, energía intelectual, mensajeros mentales, voluntad y poder del pensamiento, despertar de la iniciación y el verbo que se manifiesta) enunciados (llamados) puntos de esa fuerza máxima del misterioso "ser" que existe en la naturaleza. Tenerlos cerca produce un aura de bienestar para los Virgo que creen en ellos, y un Virgo creyente, cercano, es lo mejor que nos puede pasar.

Esta historia de una amiga nacida un 23 de septiembre en África del Sur y de quien recuerdo su llegada a Londres hace mucho tiempo. Ella, de nariz perfecta, pecosa pero llena de gracia y con unas gafas tan gruesas que no se le veían las enormes pestañas que remarcaban sus grandes ojos oscuros. Es la hermana de una queridísima comadre; ambas estábamos muy preocupadas por la seguridad y el futuro de una jovencita sin experiencia en una ciudad tan llena de las locuras durante esa época (los sesentas). Ella ¡tan delicada! —no contábamos con la perfección de su signo astral— y una voz que obligaba a todo el mundo que la escuchara a decirle *¿qué dices?* Ella, después de hablar respiraba hondo y profundo (como si sufriera) y repetía lo que acababa de atreverse a decir con tanta pena que, por lo general, quizá por su aire de niña castigada, al tercer respiro y segunda vuelta, le ponían la atención adecuada para escucharla. Duró poco tiempo en Londres y su hermana la embarcó a probar su suerte en Estados Unidos donde radicaba su madre. Pasaron diez años para que la volviera a ver. La bella mujer estaba irreconocible —antes niña acongojada—, ahora me invitaba a comer en un restaurante en aquellos en los que responde con voz burlona la recepcionista: "Tendremos mesa dentro de quince días". Carolina (la Virgo) se había casado por tercera vez con un señor aún más rico y más simpático que los primeros dos, exitosa en su trabajo, sin gafas y haciendo gala de sus vivarachos ojos; su tono de voz era un poco aniñado pero muy sensual y sobre todo firme. Me confesó que una gran parte del secreto de su felicidad era haberle hecho caso a un cuento (reproducido a continuación) contado por su madre cuando desembarcó en la gran Urbe de Hierro.

*"Si toda tu energía la gastas en pequeñeces nunca tendrás lugar para las cosas importantes."*

## "Cuento para Virgo"

Un profesor de filosofía le mostró a sus alumnos una botella vacía y comenzó, paulatinamente, a llenarla con unas piedras indescriptibles de las que se encuentran al lado de cualquier río. Preguntó a sus alumnos si la botella estaba llena y la respuesta general fue un "sí, está llena".

Enseguida, el profesor levantó un recipiente de guijarros (piedritas) y las acomodó suavemente entre las rocas. Los alumnos vieron que habían contestado con demasiada premura, pero de todas formas se atrevieron a contestarle: "sí, ahora sí está lleno".

Acto seguido el maestro sacó una bolsita de arena.

Y cada mínima partícula la acomodó entre todas las ranuras. Ahora sí no quedaban huecos, la arena cumplió su misión, se había llenado todo. De nuevo se habían equivocado los alumnos, y de nuevo saborearon su derrota.

Ahora, les dijo el filósofo-profesor, que esto representa la vida de cada uno de ustedes. Las rocas representan las cosas importantes. La familia, la salud, tu pareja, los hijos —cualquier cosa con tanta importancia para sus vidas que perderlo se haría insoportable. Los guijarros son las otras cosas: el trabajo, la casa, el coche, lo que sirve para estar cómodo o para disfrutar pero no son de mucha importancia para sus vidas y siempre podrán reemplazarse, y la arena es todo lo demás, las minucias, cosas que pasan y nos dan gusto o molestan pero no tienen mayor importancia. Las tonterías también pueden incluirse.

Si comienzan llenando la botella de arena, no caben los pedruzcos o las piedras. Lo mismo pasa en la vida. Si toda tu energía la gastas en pequeñeces nunca tendrás lugar para las cosas importantes, y peor aún, nunca sabrás cuales son realmente las categóricas. Las cosas que realmente son críticas para tu felicidad. Así pues organiza tus prioridades, lo sobrante es pura arena útil sólo para rellenar.

# VIRGO Y EL EFECTO JÚPITER

$S$ i Virgo toma esta pequeña historia como modelo, no necesita saber más del efecto Júpiter, pues Júpiter en su caso se encuentra dentro de su cuarta casa solar. En la casa (o área) que representa la solidez, sobre la cual se construye todo lo demás. Nadie puede hacer más por Virgo que él mismo, además, Virgo escucha pocos consejos y cuando los toma, es porque le cuajan los números. Su propio arquetipo *Virgoeana* es la raíz y el sostén de donde se retroalimenta. En el *Bhagavad-Gita*, Krishna (la deidad encarnada) se dice que el maestro habita en el corazón de cada ser con sus poderes mágicos, propicia que todas las cosas y criaturas suban a la gran rueda universal del tiempo; busca tu propio santuario con él —recomienda— en tu soledad, y por medio de su gracia obtendrás la felicidad suprema. (Tomado del D. Rudhyar/ *Las casas astrológicas*).

Por esto, y por lo que Virgo mismo sabe, su un *poco más* personal, tiene que ver con la privacía de su psique solitaria, y para Virgo, su carácter sí es *lo que siente cuando nadie lo observa.*

Hace poco supe de un joven que estudia letras y cuyo padre es cañero en un pueblo que se encuentra a cincuenta minutos en auto a Cuernavaca. Afit ha trabajado toda su vida sin recibir jamás paga. Su duro trabajo siempre ha sido al lado de su padre. Eso no se paga, dice. Afit se ofreció como voluntario para leerle a una persona que está perdiendo la vista y el regala

*"Nadie puede hacer más por Virgo que él mismo..."*

un poco de felicidad con sus lecturas diarias. Afit recibió dinero de la feliz escucha como pago por su quehacer, por primera vez en su vida. Tal fue su emoción al recibirlo que se quedó pasmado por un rato. Su benefactora trató de romper el hielo preguntándole que haría con el producto de su labor.

Tomar el primer camión y no esperar el más barato, el de tercera, contestó sin titubear un segundo; luego añadió "todos los días ahorraré tiempo en mi viaje y me sentiré uno poco más libre".

Júpiter, el planeta que históricamente regala poder, está dentro del signo de Virgo en la repartición de astros.

Todos merecemos siempre un *poco má$*; y si confiamos y ponemos en marcha el efecto Júpiter que cada uno lleva, Virgo en particular se verá con la posibilidad de refutar las palabras de aquel inglés que dijo que *la libertad produce riqueza y la riqueza destruye la libertad.* Virgo tal vez está aquí para hacer, componer o simplemente mostrarnos cómo puede su signo mágico, maravilloso y potente, ayudarnos a disfrutar con mayor satisfacción las cosas de la vida o enumerar nuestros errores y colocarlos en un contexto más humano. Virgo, eres capaz de organizar lo que quieras para conseguir siempre *un poco más* de todo.

# CONCLUSIÓN

Ya lo dijimos, un millón se dice fácil, pero su verdadero valor es algo que tú, Virgo, sabes entender. Si bien nos va, lo compartirás con quien esté a tu lado. Una palabra nueva al día es como un billete en tu cuenta (si logras ambas cosas mejor). La paz interior que tanto anhelas es algo que sabes explicar mejor que lograr, y llevar en la bolsa lo suficiente como para sentirte confortable es algo importantísimo.

¡*Forza* Virgo!, aunque tengas que mentirnos.

# LIBRA

Clave
*Placer considerado*

**Del 24 de septiembre al 23 de octubre**

*"Si tienes sólo dos monedas, gástate una en
pan y con la otra compra flores"*
PROVERBIO PERSA

## JUGADA

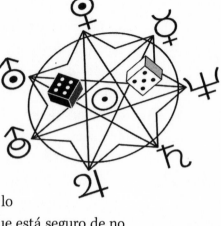

Gracias a que su ele-mento es aire y a los dones que Venus le confiere, como planeta regidor de este elegante signo, a Libra todo parece sobrarle: riqueza y pobreza, lo que tiene o quisiera tener y lo que está seguro de no desear encontrarse.

Diplomático antes que negociante, sus tratos no son de todo su agrado, además de lo relativo a sus finanzas (y por favor no hablen de cantidades, porque a Libra no le agrada precisar con cifras, prefiere las estrategias); se acomoda mejor al decir con amabilidad "luego nos arreglamos". Para Libra, la prioridad de su propia circunstancia y la forma de controlarla. Lo que cuesta, de preferencia, es otra cosa.

Si Libra sale mal vestido, arrugado, manchado o a disgusto por algo que trae puesto (prenda, adorno o un desdén por su propio reflejo en algún espejo) los eventos no fluyen. Cuando las cosas no marchan bien, Libra se estanca.

Eso es lo que tiene que atender para poder estar de acuerdo con la atmósfera, considerada por libra como propia. Además, y aunque usted no lo crea, se complementa cuando el monedero que carga tiene algo especial, sea la marca o el lugar de origen. Libra

*"Libra es quien puede mostrarnos cómo dejarnos ir sobre las olas del deleite."*

*"El símbolo de Libra es una báscula análisis y juicio que equilibra todo."*

se deleita con pensar o recordar que sus monedas, quizá de dudosa procedencia, incluso manoseadas o sucias, están dentro de un objeto o funda que roza su ropa o el cuerpo; y esté o no cargado de suficientes billetes o todas las tarjetas de crédito (aunque para Libra, siempre será mejor esta última forma de pago), el recubrimiento debe ser fino y agradable. Libra tiene que sentir orgullo cuando piensa en el estuche dentro del cual carga su dinero. Si eres Libra, y este no es tu caso, gasta lo que puedas en poner esas cosas en su lugar, aunque seas del tipo que manifiesta que el dinero no tiene tanta importancia (¿será posible?).

*"Los libra se complacen considerando los sentimientos de quienes les rodean, a tal grado, que a veces dejan pasar palabras o hechos dolorosos por no molestar o herir a quien les lastima."*

Libra es un reflejo del jardín de las delicias que él mismo ha plantado. Pasea dentro de él diariamente; a veces corta flores, a veces planta idea, de vez en cuando se distrae con un sentimiento delicioso y profundo que incluye a todos los otros contempladores del cielo. Libra gusta de "incluir" y es él quien nos muestra y demuestra cómo experimentar la tensión de los opuestos. Séptimo signo, primero que aparece a los 180 grados del círculo y el primero en subir del horizonte a esa línea que divide el círculo del horóscopo en doce y nos deja ver los planetas a la hora de nacer. Hay quienes dicen que a través de todo lo que representa Géminis, el humano respira la bocanada de aire hacia adentro y, a través de Libra, el aire se mezcla con dióxido de carbono y seguimos vivos. Con su respiración en forma, Libra no debe olvidar dos cosas importantes para lograr balancear sus propias ideas de *poco y más*. Su signo le obliga a responder con ambivalencia hacia todo. Cargar con una billetera envidiable (cómoda, fina, bella y especial). Además, respirar con calma. Puesto de otra manera, oler lo que respiras y tratar de estar en lugares que gozas. Y si algo te huele mal, intuitiva o físicamente, lo mejor es salir corriendo, escapar con el garbo que mereces o hacerte el muerto, pero no claudicar.

Recuerda que tu elemento, aire, es lo que conecta todo: el aire nos da resonancia, las cosas caen por su propio peso y se pesan balanceándose. Así, siempre estarás mejor acompañado de lo que pensabas.

El primer estadounidense que sin ser astronauta —era hombre de negocios— disfrutó una estancia feliz de varias semanas dentro de la nave espacial rusa *Mir*, dijo que lo más impresionante fue recordar todos los maravillosos colores que traía de la madre Tierra. Todavía, varios años después de haber tenido esa increíble vivencia, justo antes de que el Mir desapareciera para siempre del cielo, se emocionaba al recordar el gran gusto que esos olores le produjeron.

*"Los nacidos bajo este signo son, quizá, los seres que más interacción tienen con sus semejantes, es decir, se complementan con la otredad."*

Encontré en mi biblioteca un libro fechado en 1811, que habla acerca de los nacidos entre fines de septiembre y fines de octubre. El autor recomienda a los nativos del signo de Libra hacer en casa malabares con naranjas, pelotas, bastones, sillas o cualquier cosa que se les ocurra, incluyendo sus valores; mientras lo hacen, su signo se acomoda y quizá así comprendan el equilibrio existente entre los días y las noches. *Birlibirloques* es una palabra que quizá le queda mucho mejor a Libra que malabarismos. Esta tarea ayudará a Libra a acostumbrarse a entender por qué sus seres más queridos no comprenden lo mismo que ellos. ¡Cuando hablan o discuten sobre finanzas, esto puede ser aún peor! Visualicen su propio signo: una mujer, representando a la justicia, detiene una báscula con una mano y sostiene la espada desenvainada en la otra. La mujer, Venus, tiene una bufanda (seguramente de seda) tapándole los ojos. Todo lo sabe y nada ve. Cómo comprenderán entonces lo que ella cree estar diciendo. Y si lo está pensando, tanto peor. Aunque a veces, como por arte de magia sorprendentemente ella es la que hará aparecer un poco más de... ¿algo? También y, a veces, un poco menos. Lo cierto es que Libra siempre sabrá cómo afrontar ganancias o pérdidas por las jugadas económicas celestiales y las que ha aprendido a hacer. Primero, Libra debe tener el hábito de traer dinero; segundo, siempre buscará dónde respirar para llenar sus pulmones de aire y olores selectos y, tercero, realizará algo parecido al malabarismo: ejercicios de habilidad que consisten en lanzar cosas al aire y recogerlas con distintas combinaciones. También cambiar cosas de lugar o sustituir una idea por otra. En otras palabras, Libra, tienes el don de convertir todo lo que sea una situación difícil, en algo productivo.

## LIBRA Y LOS VALORES

L os sufis, son los místicos del Islam. Sus ideas giran alrededor de la unidad de toda existencia. *Ma'rifa* significa el verdadero conocimiento de dios y una profunda comunión con él. Para Libra, esto significa conocer las palabras y el embeleso que éstas le producen. Los poemas de Mawlana Yalal al-Din Rumi, conocido simplemente como Rumi (respetada figura familiar de la literatura musulmana) puede ser una llave mágica para abrir cualquier puerta que lo lleve hacia *ese poco más* anhelado. En el cuento "Cuatro monedas de oro", la historia termina con estás palabras sabias: "Con vuestro dinero, podéis satisfacer todos vuestros deseos. Para vosotros, cada palabra es una fuente de desacuerdo, pero para mí, cada palabra es una guía hacia la unión. Vosotros todos queréis un *uva* sin saberlo".

*"Libra, adquiere el conocimiento, y el poder será todo tuyo."*

Para explicarlo, cada uno de ellos quería lo mismo, nombrado de diferente manera por ser originarios de lugares diferentes.

En su historia "Cuarenta monedas de plata", Rumi termina con la siguiente alegoría: "Cuando cambias tu ego, sabes que la espada del cuerpo está en manos de dios". Estas líneas nos muestran cómo la mentira y la verdad, o todo lo referente a la conducta de los hombres, están siempre presentes. En la historia sufí a continuación, los Libra encontrarán un interesante reflejo de sí mismos, así como las decisiones para todo nativo de este signo, ávido de encontrar un mensaje que lo ilumine y lo ayude a lograr su bienestar.

*"Libra puede ser el complemento de casi cualquier otro signo, y su integridad tiene mucho que ver con la plenitud de su pareja."*

Dos equipos de artistas tienen el encargo de decorar dos muros que se encuentran frente a frente en una inmensa sala. Una cortina divide la sala en dos para que cada equipo realice su trabajo en forma privada. Después de varios meses la cortina es retirada; sobre uno de los muros se encuentra un paisaje bellísimo, de apariencia tan real y perfecta que el espectador sentirá encontrarse dentro de él. Resultó en gran admiración y sorpresa al ver que, sobre el otro muro, los artistas sólo lo habían pulido con tanto esmero, que reflejaba mejor que un espejo común y corriente. Por ello, reflejaba el paisaje original, el cual reverberaba sobre el muro liso, lustrado de tal manera que el paisaje reflejado parecía superior al original: era irreal y mucho más bello, casi paradisiaco. Unos a otros comentaban admirados: "Es parecido al nuestro, pero mucho más verídico".

*"Libra, para ganar tienes que medir tu ego y entenderlo realmente... Así podrás razonar."*

El reflejo podría ser como la poesía: mucho más real, con destellos existentes sólo en otro mundo, según Baudelaire. En el cuento sufi vemos cómo todo es según el color con que se mira; sea propio o no. Y volvemos a mirar a Libra, quien siempre trata de mejorarlo todo, pues todo se puede mejorar si incluimos el punto de vista del otro. También en lo referente a lo económico y de manera transpersonal, como el signo en sí.

Baudelaire también dijo que "estar entusiasmado por algo que no sea abstracción es un signo de debilidad y enfermedad". Puede ser que si eres Libra esto sea cierto, y si te atreves a hacer un conteo de lo que quieres verás que siempre podrás diversificarte. Siempre existirá más de una vertiente. Especialmente en lo relativo al amor, la salud y el dinero. Así es tu signo astrológico. Libra-Vedana, y la parte Vedana tiene que ver con la percepción de toda sensación. Análisis y juicio que equilibra todo: una báscula. Pero ten en cuenta que con esa báscula viene el compromiso de registrar los resultados de todo juicio, por ambos lados. Tal vez sea cierto que Libra tiene que ver con el aire que convertimos en energía para subsistir, y con el intercambio de los gases necesarios para vivir, concientes de que todos somos parte de la naturaleza. Las moléculas renovadoras que acompañan este acto tan mecánico, simple y vital, la absorción de aire, pueden ser eternamente cuantificadas y calificadas. Pero respirar es más que eso, y presentirlo es algo que le incumbe a Libra. Para gozarlo, Libra tiene que darle honor a quien honor merece, sobre todo al leer las palabras tomadas de la introducción de *El arte de amar* de Eric Fromm.

*"Tus atributos están casi siempre vinculados con Venus. Esto hace que tu manera y proceder sea elegante y se manifieste con diplomacia."*

"Leer este libro es una experiencia decepcionante para quien espera un instrucción fácil en el arte de amar. Al contrario, el texto muestra que el amor no es un sentimiento fácilmente gozado por cualquier persona, sin importar el nivel de madurez. Los esfuerzos amorosos fracasarán si no se trata activamente de desarrollar la personalidad total, para lograr una orientación productiva".

Amor y dinero: Libra, signo que marca el comienzo de la segunda mitad del zodiaco, signo dentro del cual el *yo* se convierte en *nosotros*, quizá el primer paso para decir, quiero más.

Libra, Venus y el misterioso aire que los acompaña, están involucrados tanto con la percepción de las cosas como con la manera fascinante de *ser para tener*.

*"Libra tiene el
don de convertir
todo lo que sea
una situación
difícil en algo
productivo."*

*"Libra, tiene un
talento innato
para distribuir y
mesurar los
matices del amor
y su relación
entre todos los
seres."*

Lo dicho por Fromm tiene gran parecido con las necesidades de Libra para "obtener". Para que consiga, conquiste, obtenga o produzca lo deseado, para lograr ese más, o aumentar sus bienes (en amor o en pesos), Libra es quien, de todos los signos del zodiaco, necesita enfatizar su propia madurez. Para esto, simplemente tiene que saber balancear y sopesar sus deseos; verse frecuentemente en el espejo metafórico de los sufis, o pesarse con las propias palabras del maestro Fromm. Cuidando el peso, no la masa.

Otro excelente ejemplo de los sufis para Libra, es el siguiente listado de palabras claves en el cuento llamado "El tesoro": plegaria, procúreme, tesoros, perezoso, verdad, burlaban, subsistencia, idiota, pretende apropiarse, vergüenza, obrar así, alegría, escuchadas, la ley, heredado, justicia, único, indignado, asesino, sabiduría, fechorías, has ganado, pertenece. Podrán inventarse, seguramente, su propio cuento con las 27 palabras, como en el juego llamado "colgados". Es posible que cada uno tenga cierto parecido con el auténtico, tal vez no. Y podría ser que, como en la historia del cuadro reflejado, la nueva composición de palabras sea mucho más interesante que la original. Poco importa. Del mismo modo, Libra puede componer novedades económicas al reacomodar asuntos personales. Libra puede convencer fácilmente que su historia o manera de acomodar, apilar o rehacer tratos, es lo mejor. La lección sufi de este cuento parece indicar, Libra, que, para ganar, tienes que medir tu ego y entenderlo realmente para así poder razonar. Una parte de la sabiduría universal sufi, y la otra parte de Libra, tan vacilante como animoso.

Escribí un libro sobre los verbos más adecuados y accesibles para cada signo. A Libra, entre otros, le asigné: amar (obviamente), seducir, escoger, examinar, solucionar, aparentar y —palabra clave— equilibrar. Pero se equilibra compensando, como en los viejos cuentos donde se acomodaba una sola paja de un lado y una pluma del otro. Medir y pesar a la vez.

Hay una medida llamada *angstrom*, la cual es descrita en el *Science Desk Reference del New York City Library*: imaginen el aumento de nivel de agua en una alberca que mide 50 por 20 metros, antes y después de que una mosca se ha parado sobre la superficie. El resultado es una unidad *angstrom*. Para algunos, esa medida es de suma importancia y tiene un papel importante en su vida diaria. Para otros, esta medida no sirve para nada. Sin embargo, Libra lo entiende, porque para los de este signo todo tiene su propia medida. Y cuando Libra está a punto de conseguir más, tentar algo nuevo o pedirle al prójimo cómo puede complacerle *un poco más*, su efecto es positivo. Libra siempre estará en mejor posición cuando habla que cuando calla. Probablemente ustedes, los nacidos bajo este signo, habiendo pedido consejo a los cuentos sufis o las palabras de Fromm, ya lo saben, y los que no, no duden en recurrir a ellos cuando estén en apuros.

Existen algunos datos elaborados por el Banco Mundial que verán expuestos y repartidos dentro de cada capítulo de *un poco más*, con el fin de ilustrar lo

*"La cooperación y el compromiso son factores clave para tu persona."*

*"Las vivencias de Libra siempre se convierten en experiencias."*

poco que tienen muchos y lo mucho que tienen pocos. El informe escogido para Libra explica que si redujéramos la población de la Tierra a la de una aldea con exactamente 100 habitantes, ¿cuánto o qué tanto, nos tocaría tener, experimentar o vivir proporcionalmente? Entre los datos expuestos en el muestreo destaca el hecho de aquellos que tienen padres aún vivos y casados después de años de matrimonio. El resultado es un triste siete por ciento en el primer caso, y un cuatro en el segundo. Sin embargo, para Libra las palabras de Franklin D. Roosvelt podrían no sólo aliviarles, sino también ponderar los porcentajes libremente expuestos: "Las verdades eternas no serán ni verdades ni eternas sino tienen un significado al día para cada nueva situación social".

## LIBRA Y EL EFECTO JÚPITER

¿Qué tal te caería, Libra, si te dijera que cuando tengas necesidad de pedirle al cielo, a tu jefe, a tu pareja o a la vida un poco más de algo, como una dulce invocación a las hadas de la buena suerte, leyeras o escribieras un poema de amor? Si quieres, hazlo, y así harás feliz a alguien, pero no es necesario, aunque pudieras hacerlo con éxito. Simplemente porque eres Libra. Pero además buscar refuerzos en tu familia inmediata debe aportarte, si no algo de suerte, seguramente más tranquilidad de lo que te imaginas. Júpiter se pasea con vigor por tu tercera casa cuando de suerte hablamos, y esto enaltece la relación familiar: la comunicación entre tus hermanos, primos, parientes y aquellos que juegan con una parte de tu vida. Si pones un negocio, búscate un socio. El desarrollo de una conciencia cultural y social es lo tuyo, y es aquí donde debes tomar en consideración que tu báscula puede ser del tamaño, forma y material que sea; lo importante es que funcione y te sirva para algo. Serías perfecto detective para seguir una moneda marcada; ver por cuántas manos pasa y hasta donde llega.

*Verbos: amar, (obviamente) seducir, escoger, examinar, solucionar, aparentar y equilibrar.*

Así es como lograrás ecuaciones que te enseñarán, no solamente a aceptar tu propia circunstancia, sino a sacar el mejor de todos los provechos.

Todos merecemos *un poco má$*, lo que dicte nuestra voluntad, y si aprendamos a encauzar el efecto Júpiter dentro de nuestro propio cielo (en este caso el que ampara a Libra) para acomodarnos mejor en nuestro espacio cósmico individual, ese mismo será mucho más aprovechable. Entonces a gozar *eso* que nos toca vivir simplemente por haber nacido bajo Libra, o cualquier otro maravilloso, mágico y potente signo. Al comprender esto, además de disfrutarlo, siempre aprenderemos *un poco más* por haberlo vivido. Nada hay más lujoso que esto.

## CONCLUSIÓN

No salgas de casa sin sentirte arreglado. Esto tiene muchísimo más que ver con tus finanzas de lo que tú quisieras saber. Tu signo te permite incrementar lo que quieras por medio de contactos; y si bien no es siempre cierto que "de la vista nace el amor", es un primer paso. Para Libra todos los días llegan nuevas oportunidades, simplemente debe procurar no confundirse. Además, aunque *El arte de amar* deba ser lectura para *un poco má$ de amor*, te sorprenderás de lo que en ese libro podrás encontrar, ¡traducido en dinero!

# ESCORPIÓN

Clave
*Realizar con astucia*

**Del 23 de octubre al 22 de noviembre**

*"Prosperidad social significa el hombre feliz,
ciudadano libre, nación fuerte"*
VÍCTOR HUGO

## JUGADA

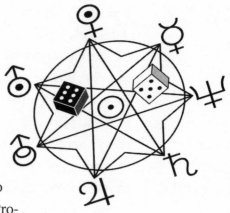

E scorpión, hace muchos años eras uno más uno: Escorpión eran dos. El que termina y después regenera. Lugal-Tudda era un rey arcadio ávido de placer, quien, como Pro-meteo, trajo a la humanidad el fuego, y con él, los secretos sabios, además de los tesoros de lugares divinos. Por eso, a Escorpión le va muy bien tener dos pensamientos claves para jugar con sus fuerzas metafóricas. La segunda clave para Escorpión (la primera está bajo su clave) es de Joseph Schumpeter, quien alguna vez dijo en un discurso que en el sistema capitalista existe inherente una tendencia hacia la autodestrucción.

Víctor Hugo nació a la hora precisa, y fue premiado con un ascendente escorpión, por lo tanto, y porque escorpión es el único signo autorizado a ser todo lo criticón que desee (pues no vive su propia realidad con la misma presencia que los demás signos), haga lo que haga con su vida, tiene un permiso histórico para ser *contemplador*. Lleva una vida de contemplación, que en la época de los sabios griegos era considerada como la única vida exquisitamente feliz. Además, su propia realidad casi siempre se divide en "esa realidad", "alguna realidad", "poca reali-

*"Escorpión es profundo, transformador, apasionante e intenso..."*

*"Los acontecimientos vitales de Escorpión, son escogidos por él mismo, es decir, es siempre dueño de su propia persona."*

dad", o una "realidad muy intensa". Escorpión vive todo a la vez, pero no con la exquisita felicidad que debiera.

"Sé que en el mundo hay dolor, pero no es dolor el mundo", dice la canción cubana que pudo ser escrita específicamente para Escorpión.

Escorpión es el ser escogido para saber intimidades y confidencias que frecuentemente ni siquiera le incumben, pero que hace que su vida tenga secretos maravillosos para deleitarse o deleitar a los suyos.

*Raccolta Truffidi Riservado* son palabras marcadas sobre un pedazo de madera, en un alambrado de púas en Umbria, Italia. Allí, dos veces al año, son recolectadas las mejores trufas del mundo. Los conocedores saben que las que se recogen en la luma menguante son de calidad superior, sueltan un mejor sabor. Un amigo Escorpión muy querido me aseguró que estos hongos son llamados "diamante negro", y el nombre botánico de los más codiciados es: *Tuber melanosporum.* Mi amigo está enterado de todo un historial de fenómenos climatológicos que deben suceder para que los mejores hongos de su especie sean encontrados bajo hojas y tierra donde había que esperar diez años para que las esporas tropezaran con los robles, sus padrinos de bautizo.

Así, Escorpión, para tener un poco *más* debe saber los secretos de quien se deje, porque el conocimiento de lo hermético y lo desconocido le ayuda a asirse de toda la astucia que necesita para ser Escorpión, sobrevivir y sacarle a la vida el mejor partido posible.

*"Escorpión necesita descargar muchos tipos de energía varias veces al día para poder exaltar su propio individualismo."*

*"El planeta Marte, que rige tu signo, era también el dios de la naturaleza, de la vegetación y de la prosperidad de los viñedos.*

Sabemos que para todos el sentido del yo se nutre con alguna posesión o posesiones (lo dicen Freud, Jung e infinidad de psicólogos, psicoanalistas y hasta poetas). Para Escorpión esto forma parte de su personaje vital. La diferencia entre Escorpión y los otros once signos del zodiaco es que el siempre tendrá algún objeto relacionado apasionadamente con su deseo de ser. Y el objeto o la idea en cuestión debe tener una historia especial, diferente, conocida solamente por Escorpión para que pueda informarnos (si quiere) y transformar su sapiencia, deleitándonos con un cuento cuya raíz viene de la profundidad del agua que carga como su propia bolsa de vida.

"... más advertí que a cada uno le colgaba del cuello una bolsa de distinto color, marcada con distintos signos y todos parecían recrear en ellas sus miradas...", dice Dante en su *Infierno*. Secretos. Todo Escorpión necesita cargar y elaborar su bolsa para buscar un equilibrio. Es difícil pero de todos los signos puede ser el más sagaz. Una vez que ha decidido algo sucede, no siempre en la medida planeada, pero sus acontecimientos vitales son escogidos por él mismo, es decir, es siempre dueño de su propia persona. Yo siempre he dicho que me hubiera gustado hacer nacido bajo este signo, además, nunca sabrás que trae en la bolsa un Escorpión, porque dejar que otro lo vea, sería escaparse de sí. Escorpión, nunca salgas de tu casa sin tener tu amuleto secreto y no habrá quien te limite.

*"Escorpión, para tener un poco más$, debe saber secretos, porque el conocimiento de lo hermético y lo desconocido, le ayuda a asirse de toda la astucia que necesita para ser Escorpión, sobrevivir, y sacarle a la vida el mejor partido posible."*

# ESCORPIÓN Y LOS VALORES

La vida tiene una serie de complicaciones y cada individuo las resuelve a su manera y esto se repite en cada uno de los signos. Pero Escorpión tiene los dones para asimilar y responde a cualquier complicación con mayor capacidad que los demás, por la sencilla razón de que su propia vida se compone, por lo general, de un 0.05 por ciento de complicaciones más que la vida de los demás. Las causas casi siempre son recónditas y a veces le impiden actuar. De la misma manera comprende la angustia ajena o, a veces, simplemente se le complica la vida por lo que le rodea. Detesta y ama con devoción y usa la fuerza necesaria para disimularlo.

Lo que valora no siempre le alcanza para repartir, dar o gozar plenamente, pues sus emociones interfieren con sus deseos. El marido de mi madre (a quien yo adoraba y mis hijos adoptaron como abuelo-filósofo) durante los siete años que duró casado con ella, siempre que llegaban invitados se encerraba en su cuarto dando un portazo. En una ocasión me atreví a preguntarle porque hacía eso y me respondió: "Nunca soporté que ella se divirtiera con otros, además siempre eran mucho más estúpidos que yo". Habló con firmeza. Luego de treinta años, mi madre decía que estaba de acuerdo. Escorpión habitualmente se sale con la suya porque tiene razón, o nos convence de que siempre la tuvo; nos hace pagar nuestras culpas.

*"Escorpión detesta y ama con devoción y usa la fuerza necesaria para disimularlo."*

¡Aunque sea a la larga!, pues para ellos el tiempo no es como para nosotros. Así, lo que llamamos posteridad, Escorpión lo nombra eternidad.

Dentro del poema épico *Gilgamesh*, obra cumbre de la Babilonia antigua, aparece Enki: dios de la sabiduría. Para él, la emoción y el gozo —tomándolos en su parte estética— se unen para soportar la propia angustia. Este dios los sincroniza aproximadamente cuatro mil años antes de que apareciera Jung, para ponerle nombre a esta cualidad. Bien dice Heráclito: "Con los ojos abiertos, compartimos el mismo mundo; con los ojos cerrados, cada uno de nosotros entra a su propio mundo". Cuando tomé la decisión de recomendar el ciclo poético de Gilgamesh para reforzar los anhelos y aligerar la carga de verso obligado a pedir *más* de Escorpión, tuve una epifanía. Sincronice los momentos de Escorpión con los bienes y el siglo VII a. C. debido a la aparición, en un periódico extranjero, de la esquela del señor T. Geoffrey Bibby (febrero, 2001) fallecido a los 83 años, descubridor de un reinado en la isla de Bahrain, uno de los lugares más ricos del mundo, tanto en petróleo como en historia.

Allí, el historiador comprobó la existencia de la isla de Dilmun, lugar secreto donde Gilgamesh acudió a la búsqueda de la vida eterna.

*"Tanto el éxito como el fracaso son sus aliados. Vive con ambas cosas, y mientras más domestican su fuerza regenerativa, mejor le va."*

> *"Quién reunirá a los dioses*
> *para que encuentres*
> *la vida que tú buscas?*

*"Deseo y efecto realmente hacen brillar lo obtenido por Escorpión en cualquier grado, peso o medida; y es a ese deseo y efecto que Escorpión debe ponerle su propio sabor, olor y aliento."*

Esta pregunta del legendario y divino canto, formulada hace miles de años, encierra una pregunta filosófica-teológica hecha a Gilgamesh, que sin duda puede acompañar a todo Escorpión en la búsqueda de ese *algo más*. Escorpión siente cierta culpabilidad por querer más, sea algo tan existencial como tiempo de vida, o intrascendente como papel de baño; y esto le produce angustia, la cual nunca se logra sacudir. En la época de Gilgamesh esa angustia se manifestaba claramente por la aparente intransigencia de la vida. Gilgamesh tomó la decisión de lanzarse a la aventura y sus hazañas lo hicieron famoso: "Todo cuanto hace la humanidad es viento, porque tiene sus días contados", esta frase nos llega desde la epopeya más antigua de la humanidad, entonces, surge la pregunta moderna ¿y el dinero para qué? Las imágines que evoca Gilgamesh son ejemplos casi perfectos para que Escorpión encuentre paralelos con su propia vida. Si existe un momento en la historia marcado como el comienzo del cuenta cuentos, fácilmente podría ser la aparición de estos textos babilónicos. Si existe quien nos deba contar algo viendo los atributos de cada signo es Escorpión. Es quien cuando esa cosa que llamamos "el destino" se lo pide, fácilmente sabe cómo hacer cuentas chinas, contarnos historias o arreglar sus problemas con "resumidas cuentas". ¿Sabían que Bill Gates, Hillary Clinton, Pablo Picasso, María Antonieta, San Agustín, Fedor Dostoievsky, Erasmo de Rotterdam, Martín Lutero, Carlos Fuentes, Grace Kelly, Ted Turner, Martin Escorsese, nacieron bajo este poderoso signo? Reestructuración controlada, crisis constructiva, métodos de ataque, llevar el timón hacia una lucha seguida, ciclos adecuados, ciclos equivocados, lo sigiloso, reconstruir, habilidad para sobrellevar y sobrepasar cualquier obstáculo, riesgos sin razón y el saber cómo convertir ese sentimiento se sentirse desamparado en saberse al mando (sin conteo de tiempo). Todo lo mencionado son atributos parte de su astuta determinación y siempre sabrá cómo cuándo y dónde aparecer para lograr esa "adecuación final", por lo general, siempre en el rubro de ese *poco más* de lo que sea. Escorpión se sabe tan fuerte como débil, siempre trae un caos interno que es el punto de partida para lograr sus metas. Cuando busca conseguir más lo logra, aunque se regala tiempo cuando no se casa con sus ideas, es decir, cuando puede permutar una cosa por otra. Un banco por otro, una letra de cambio por otra diferente, una categoría por otra. Si a Escorpión lo asaltan, le apuntan con una pistola Magnum 44 y le dicen con voz rasposa "el dinero o la vida" responderá de inmediato y casi sin titubear "la vida". ¡PUM!, mataron a un Escorpión por contestar desde su profundidad, sin darle el tiempo para explicar, que simplemente deseaba seguir vivo.

Existen unos datos elaborados por el Banco Mundial que he repartido en cada uno de los signos astrológicos con el fin de ilustra lo poco que tienen muchos y lo mucho que tienen pocos. Para Escorpión reproduzco lo siguiente: "Si nunca has tendido la experiencia del terror producido por la obligación

*"Para Escorpión no es tanto el dinero lo que cuenta, sino el uso y el poder que su disposición confiere."*

*"De todos los signos puede ser el más sagaz. Una vez que ha decidido algo, sucede."*

de entrar arma en mano a una guerra; si no has sucumbido a la soledad que produce pasar el tiempo encerrado en una cárcel; la agonía de la tortura o el dolor del hambre, tienes más suerte que otros 500 millones de humanos...

Escribe Dostoievsky: "Medimos nuestra voluntad, nuestro sentido de libertad al tener más o menos; pensando sobre cómo nosotros y los demás deberían tener más o menos".

*"Escorpión es el que entiende la sicología de todos, pero debe tener cuidado de no olvidar la propia..."*

Deseo y efecto realmente hacen brillar lo obtenido por Escorpión en cualquier grado, peso o medida; y es a ese deseo y efecto que Escorpión debe ponerle su propio sabor, olor y aliento y, por supuesto, ganas. Su medida de *más*, es diferente a la medida de cualquier otro signo.

Tanto el éxito como el fracaso son sus aliados. Vive con ambas cosas y mientras más domestican su fuerza regenerativa mejor le va.

Hillary Clinton puede caer bien o mal; pero el hecho de conseguir ocho millones de dólares por prometer contar lo que padeció al ser mostrada como la mujer a quien le colocaron los cuernos más evidentes de 1999, es un alarde de su signo. Me atrevo a decir que si fuera de otro signo, no hubiera podido proponerlo y salirse con la suya. Además, tal vez si ella hubiera nacido bajo otro de los once signos del zodiaco, no le hubieron ofrecido tanto. Esto la hará más feliz, aliviará su desesperanza quizá y le permitirá desquitarse. Recuerden que la gran mayoría de los ganadores de la lotería del mundo entero, unos año después de haber ganado dicen, escriben o gritan que hubieran preferido nunca tener esa cantidad en sus manos: todas sus relaciones empeoraron. Escorpión realmente no necesita riquezas para conseguir lo que quiere, pero si lo que anhela tiene que ver con pesos y centavos no hay quien lo detenga.

Si eres Escorpión y estás leyendo esto, seguro piensas: "Quien escribe esto es una verdadera idiota". Pero estás mal, lector. Por supuesto que necesitas dinero para el metro, el taxi o el avión; estoy de acuerdo que para algunos, viajar en primera o ser manejado por un chofer es un gusto, pero no para todos. Cada vez que el dinero es mencionado en el Evangelio es por alguna razón cuyas condiciones nos hacen meditar sobre su singular significado. Dosteievsky hace lo mismo en sus obras (y este autor es un ejemplo perfecto de su signo). No está demás que Escorpión medite un poco sobre esto cuando tome una decisión realizada con sus inversiones, ahorros, ganancias o pérdidas.

*"El vivir es una cosa y asunto que, generalmente, Escorpión domina casi sin esfuerzo alguna."*

*¿Qué cosa te daré*
*  si me caso contigo?*
*¿Perfumes para el cuerpo*
*  y vestiduras?*
*¿Simples raciones*
*  para no tener hambre?*
*Te tendría que ofrecer*
*  manjares de los dioses.*

Gilgamesh tomó la palabra para mostrar que la palabra también sirve para expresar las secretas y perennes inquietudes humanas. Para Gilgamesh y para Escorpión siempre habrá una pregunta más. Pero a Gilgamesh le aconsejan hacer de cada día un día de fiesta; que mire al niño que tiene de la mano y que el goce de su mujer sea parte del goce de la humanidad. Y en ese gran cuento épico la máxima pobreza es morir privado de los ritos funerarios, el más pobre es aquél que no tiene quien vea por alma. Gilgamesh, cuya alma estaba compuesta de una parte humana y dos partes de deidad, llevaba un secreto en su poderosa esencia, tan enlazada con la Escorpión: varios líderes políticos, determinantes en el curso del mundo, tienen el signo de Escorpión muy marcado en su carta astral. Para Escorpión no es tanto el dinero lo que cuenta sino el uso y el poder que su disposición confiere. Escorpión está aquí porque sabe diferenciar la aplicación de las riquezas y cómo ofrecerlas.

*"Escorpión aparece en el firmamento para indicarnos cómo podríamos hacer un poco má$, un poco mejor."*

# ESCORPIÓN Y EL EFECTO JÚPITER

Júpiter, el gran benefactor, planeta situado a unos 605 millones de kilómetros de la Tierra, nos afecta. Si nos llegan sus rayos cósmicos en unos ocho segundos y los hemos podido medir, también podemos sentirlos. Al inicio de este libro encontrarán un resumen de lo que es el efecto Júpiter. Para Escorpión es de suma importancia saber que este efecto le ayuda a construir, guardar y almacenar su propia represa o depósito de energía. La antiquísima letra hebraica *nun*, que significa "propagación", se considera como orientadora de Escorpión desde hace milenios. La octava tabla de Gilgamesh tiene ligas históricas con Escorpión, aunque Júpiter, en el círculo de 360 grados con Escorpión en la cabecera para este capítulo, toma poder a través de las inversiones, las adquisiciones y la ambición: o lo tiene o lo padece. La dinámica del poder es algo que fácilmente logra dominar y usar para beneficio propio y, si la emplea bien, resulta excelente. "La cooperación es el poder; en la misma proporción que vemos una combinación entre la fuerza humana: la civilización en sí no es más que el efecto de combinaciones", escribió E.G. Bulwer-Lytton, hace dos siglos. Esto pudo haberlo dictado cualquier Escorpión cuya misión en la vida es saber cómo combinar qué, cuándo y dónde. Es fácil imaginar los signos de Cáncer y Piscis como signos acuáticos, pero ¿Escorpión? Sólo el estudioso de las artes astrales sabe que esta condición *acuática* hace que la tremenda fuerza de su signo le permita convertir sus pertenencias en artefactos útiles para cada ocasión. Si un Escorpión tiene ganas de ser indulgente consigo mismo, de consentirse, hacer un gasto superfluo: excelente. De los doce signos del zodiaco, ellos son los que lo merecen más que nadie por el simple hecho de que con ellos todo se regenera, aunque a veces a largo plazo. Por lo general las trivialidades ni siquiera le interesan, pero si decide

*Verbos: buscar, caer, cobrar, evitar, odiar, perdonar y, por supuesto, vencer.*

*"Los nacidos bajo este signo son los amos del 'fervor.' Su visión es penetrante su astucia puede resultar increíble y sus logros magníficos."*

hacer un gasto excesivo en algo tal vez frívolo, el poder de compra está en sus manos y ¡siempre será bienvenido!

Sus aguas son profundas, aunque puede ser engañoso, y la mejor manera de darse cuenta de ello es ver su propio reflejo en una moneda muy brillante. Aunque usted no lo crea.

En el libro que escribí sobre los verbos más adecuados y accesibles para cada signo, para Escorpión encontré: buscar, caer, cobrar, evitar, odiar, perdonar y, por supuesto, vencer. Escorpión necesita descargar muchos tipos de energía varias veces al día para lograr exaltar su propio individualismo. Espero que los pueda activar con una buena cantidad de monedas en su bolsa, sin miedo de arriesgarlo todo, porque eso es lo que su ánima pide a gritos cada vez que gasta unos centavos o varios millones. ¡Lo importante es dejar que su esencia se lo permita! Por lo tanto, Júpiter ya le dijo *sí*. Así pues, adelante.

Todos merecemos *un poco má$*, y si aprendemos a encauzar el efecto Júpiter dentro de nuestro propio cielo (en este caso el de Escorpión) para acomodarnos mejor en nuestro espacio individual, ese mismo *más* será mejor aprovechado. Para Escorpión todo lo que siente indispensable, lo es.

## CONCLUSIÓN

Debes actualizar tus cuentas, tu vida, tus deseos; intimar con gustos que otros podrían considerar como superfluos, y leer de vez en vez el antiguo cuento de Gilgamesh. Estos son los puntos concisos y concretos que necesitas dominar para aumentar cualquier cosa que tenga que ver con *un poco má$*. Obviamente.

# SAGITARIO

---

Clave
*Gastar con sentido*

**Del 23 de noviembre al 21 de diciembre**

*"La felicidad es un cómo, no un qué;
un talento, no un objeto"*
HERMANN HESSE

---

## JUGADA

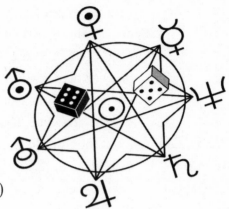

Adivinanza: "Todo el que vende me enreda, todo el que compra me suelta y además coge la vuelta".

(el dinero)

Sagitario, debes tener muy presente que tu punto de partida siempre será:

*"Sagitario es el alquimista de las sumas."*

*Esa línea tan lejana*
*que junta el cielo a la tierra,*
*mientras más nos acercamos,*
*más y más se nos aleja*

(el horizonte)

Para Sagitario, mirar el horizonte una vez al día es el mejor amuleto. No debe ser un horizonte plano con el Sol metiéndose tras algunas nubes o dejando su raya verde sobre el último punto del mar. Simplemente hay que percibir, divisar o echar un vistazo (en cualquier dirección) a la línea donde se junta el cielo con la tierra. Extender la mirada hasta donde se pueda. Si algún Sagitario pudiera hacerse de una esfera armilar (un instrumento astronómico que existe hace cientos de años y sirve para describir el universo y encontrar un punto clave y preciso dentro de él)

*"Sagitario es una paradoja de sí mismo."*

**131**

*"Sagitario, quien tiene como planeta regente al magnánimo Júpiter, está destinado cósmicamente a ayudar a todos los demás signos."*

*"Sagitario no necesita estimulantes para sentirse bien."*

¡excelente!, porque Sagitario, una vez al día necesita situarse en su propia infinitud. Sagitario es el signo capaza de ver la enormidad del mundo y su naturaleza, perdiéndose a veces en un espacio o lugar al parecer demasiado vasto. Para tener la oportunidad y abrirse paso, es necesario entender, primero, que nuestro planeta Tierra está a dos terceras partes (contando desde el centro a la orilla) de la mitad de esta galaxia, la Vía Láctea. A partir de allí, todo se vuelve menos complicado; para que encuentres tus propias tierras de abundancia tienes que fijar la mirada una vez al día en algo que te sitúe, pero al mismo tiempo expanda tu perspectiva y avive tus probabilidades. Tu signo te regaló el don del entusiasmo, la comprensión y el deseo de explorar y esto lo deberás aprovechar siempre. El planeta que rige a Sagitario es Júpiter, conocido por el mundo cósmico como el gran benefactor. Tanto es así, que incluido en cada capítulo de los doce signos astrológicos de este signo hay una sección llamada Efecto Júpiter, en ella encontrarán la relación propia de cada signo con esta dinámica y mágica oportunidad. Sagitario, no creas que por el simple hecho de haber nacido bajo los buenos augurios de Júpiter eres el más suertudo o elegido por los dioses. Más bien eres el gitano librepensador, y aunque personalidades como Walt Disney, Mark Twain, Lope de Vega, Charles Schultz, Woody Allen, Frank Sinatra y J.P. Getty vibraron todos dentro de este mismo signo, las aventuras en la vida real de cada uno de ellos (y de Sagitario por lo general) plasmaron para la posteridad una solución.

Por eso, mirar el horizonte y jugar con una adivinanza diaria es recomendable para que obtengas, con unos minutos de juego verbal, la fuerza necesaria para conquistar (porque esa fuerza siempre está contigo) los retos del siguiente día, y el que sigue, y el siguiente, hasta siempre...

Un gran pensador de tu signo lo dice a la perfección: "El hombre interpreta o lleva a cabo un solo deber, el de contener el espíritu, el deber de hacerse agradable a sí mismo" (Mark Twain). Eso de contener y poner a buen uso el espíritu es parte de tu propia sustancia, y cuando lo logras, hace la vida mucho más agradable a los que viven, trabajan o comparten momentos contigo: Sagitario tiene el don de la plenitud. Y si bien traes las bolsas llenas de pesos, liras o rublos; tú, Sagitario, con ese gran alcance que tu signo te confiere, sabrás que hay muchas otras cosas también para repartirse.

*"Sagitario siempre tiene algo inverosímil."*

## SAGITARIO Y LOS VALORES

U n refrán cada día, o una adivinanza:

*En el cielo no la hubo,*
*en el mundo no se halló,*
*dios con ser dios no la tuvo*
*y a un pastor dios se la dio*

(la letra A)

Para cualquier lunes o para ese lunes muy especial, una adivinanza relacionada con la bella palabra y el dinero aparecerá para permitirte convencer a quien desees para poner cada peso y todo centavo en el lugar adecuado.

\* \* \*

*Nadie lo quiere tener, y el que lo tiene*
*nunca lo quiere perder.*

(el pleito)

\* \* \*

El martes, en honor a Marte, dios de la guerra, configura todas tus palabras.

\* \* \*

Para miércoles, qué te parece:

*Soy de tus virtudes maestra*
*de las esperas, compás;*
*soy quien los extremos muestra,*
*y al final, soy muy diestra pues modero el menos*
*y el más.*

(la paciencia)

\* \* \*

Jueves es el día de Júpiter. Aprovecha. Tu elemento, el fuego, el fulgor, la fortaleza, el calor, tus instintos básicos, la libertad y el desarrollo personal son los aditivos, las características o los complementos para hacer del jueves, cualquier jueves, un día excepcional. Y Sagitario tiene una necesidad casi fisiológica y totalmente filosófica para que un día de la semana siempre sea un día muy especial.

> *Paso las hojas,*
> *una por día;*
> *paso las hojas,*
> *una por mes.*
> *Dime qué es.*

(el calendario)

\* \* \*

Si pasan los cinco días de la semana sin que Sagitario tenga contacto con la naturaleza, se autodesvalora, palabra aplicable solamente al caso específico de Sagitario, pero nunca debe sucederle. Para viernes, por favor:

> *Entre defectos y dones,*
> *para hinchar un almacén,*
> *yo tengo cuatro estaciones,*
> *por las que no pasa el tren.*

(el año)

\* \* \*

135

En sábado, Sagitario debe desencadenar su gran curiosidad, es para pensar en grande, sin límites puesto que es el día perfecto para arriesgar —fielmente una vez por semana— y preguntar con candidez cómo mejorar su fortuna a quien considere capaz de contestarle con inteligencia, sagacidad y sobre todo, conocimiento de causa.

Para Sagitario en sábado, siempre dos adivinanzas:

> *Tú lo invocas, yo lo invoco*
> *Si tú de ello tienes mucho,*
> *entonces yo tendré poco.*

(el derecho)

> *Si se lo das a un tonto*
> *no le servirá.*
> *Si se lo das a un listo,*
> *nunca lo usará.*

(el consejo)

*　*　*

*"Sagitario es el gran signo astrológico que está siempre a la vanguardia."*

Domingo, para todos los Sagitarios, o algún Sagitario en particular, deberá aparecer con una oportunidad para que él o ella formulen una pregunta relacionada con su propio tiempo, sobre lo que se ha hecho con él o cómo se ha desperdiciado el tiempo durante la semana. Sin dejar de mirar su propio horizonte y tener conciencia de que el tiempo utilizado en eso —minutos, horas, días— cuenta como ejercicio de trabajo. Además, Sagitario en este mismo lapso de tiempo debió poner unos pesos a guardar, establecer contacto o liga con vida animal (así de sencillo y como suena) y estar contento por alguna hazaña realizada por su propio cuerpo.

De esta manera podrá ponderar libremente sobre el paso del tiempo, el suyo, como en esta última adivinanza:

> *Soy viajero universal,*
> *en toda región he estado,*
> *todo el orbe he visitado*
> *sin embarcarme jamás.*
> *A cuanto existe doy vida,*
> *sin mí no es dable vivir:*
> *si yo dejo de existir,*
> *la creación se aniquila.*

(tu tiempo)

*"Sagitario puede tomar todo, querer todo, tratar todo, aguantar todo y también dejarlo todo."*

Alguna vez escribí un libro sobre los verbos más adecuados y accesibles para cada signo, y para Sagitario aparecieron (entre otros): ambicionar, comprar, continuar, juzgar, pelear, simplificar y sumar. La ambición le sirve a Sagitario para aprender a confiar en su futuro, si no tiene una nueva meta su lamento se vuelve tan intenso como el mal de amores; comprar deben funcionarle para motivar sus ahorros, al comprar debe medir lo que *no* necesita tener; continuar es algo que Sagitario debe tener, tanto en sus caminatas como en sus sueños privados; si no lo hace comienza a pensar lentamente. Juzgar es algo que sabe hacer mejor que nadie, pues al saberse dueño

*"Sagitario es el signo que, sin saberlo, tiene el don de integrar al individuo a la sociedad."*

de alguna parte de la verdad, aumenta su valor propio y todo juicio debe abrirles aún más el apetito. Pelear está ahí porque arbitrar, deliberar, dictaminar, fallar, censurar, analizar, apreciar y estimar son sinónimos sagitarianos. La primera adivinanza, sobre la letra A, refleja en su presentación la gran facilidad de palabra que Sagitario debe permitirse. Dominar otro idioma y el conocimiento de sus monedas en otro país es algo que Sagitario debe considerar seriamente. Simplifícate la vida Sagitario al tener acceso inmediato a un buen consejero o abogado para enfrentar la gran abundancia de posibilidades de pleitos que tienes. Simplificar es lo que debe hacer todo idealista, Sagitario es idealista; con ver el símbolo de su signo es fácil comprobarlo. Mitad hombre, mitad caballo, un centauro imponente armado con poderosas flechas y dispuesto a enviarlas hacia las estrellas, metáfora de sus metas.

*"Para Sagitario, mirar el horizonte una vez al día es el mejor amuleto."*

Si yo tuviera la necesidad (u oportunidad) de hacer una suma o pila de todas mis pertenencias y con ellas elaborar una magna construcción que me permita llegar al cielo o alcanzar mis anhelos (como una gran Torre de Babel personal) lo haría con alguien del signo Sagitario a mi lado. Porque Sagitario es el alquimista de las sumas y aunque nada valiera todo lo que yo juntara, Sagitario me haría sentir que vale todo. Los Sagitario necesitan retos constantes y dan los mejores consejos. Con toda facilidad Sagitario puede decirse a sí mismo *el mayor riesgo es no correrlo.*

Excelentes ejemplos de esto son Ernst Toller y

León García. Ambos son hijos de la misma generación (principios del siglo pasado). Nunca se conocieron. Uno, escritor alemán, llegó a ser uno de los más destacados de su país y de su época. Traducido a 42 idiomas, embajador de la libertad del hombre, entró alguna vez montado sobre un caballo blanco encabezando una huelga siendo él poeta; por sus ideales pacifistas, pasó cinco años encarcelado, tiempo durante el cual escribió lo mejor de su obra que habla sobre todo de la liberación espiritual del hombre.

*"Tu signo te regaló el entusiasmo, la comprensión y el deseo de explorar."*

León García, líder agrarista, senador de la república siendo muy joven, diputado dos veces por San Luis Potosí, fundador de la Confederación Nacional Campesina y uno de los políticos más activos y con más luchas en las reivindicaciones proletarias —según datos de la revista *Hoy*, México 1941. Ambos unidos gracias a un poco más de tiempo y circunstancia. No solamente eran del mismo signo (Sagitario) ahora están unidos en una casa con mucho más de su *memorabilia* de lo que ellos mismos hubieran deseado. Toller, primer marido de mi madre. García, padre de mi pareja. Conocer a ambos *un poco más* a través de nuestras vidas, es lo mejor que me pudo haber pasado.

# SAGITARIO Y EL EFECTO JÚPITER

$\int$ agitario es el orgulloso representante de Júpiter en su carta personal del cielo, y ante todo, es un ser que debe rodearse de gente, fiestas y mucha actividad mental para no desperdiciar ni una gota de los fuertes refuerzos cósmicos otorgados por el cielo. Para Sagitario, de Francisco de Quevedo: "Y pues es quien hace iguales, al duque y al ganadero, poderoso caballero es don dinero". Lo entiende Sagitario, lo puede repetir y ganarse el concurso declamatorio o pregonar su suerte. Podría escribir los mejores exvotos dando las gracias por haber escapado de un embrollo dinámico. Mi honor prevalecerá, por lo general, porque Júpiter así lo quiere, no porque lo haya merecido. Billy the Kid, Woody Allen y Frank Sinatra envueltos en un mismo paquete. Incluyo a Susana Slagt, entrañable amiga que me salvó con tres peniques ingleses de pasar una noche en la cárcel de Londres por viajar en un autobús sin pagar (de polizonte). Júpiter me salvó. Susana me repitió algo ya dicho por André Maurois: "El mayor placer que la riqueza confiere consiste en la capacidad de ayudar a los demás". (Ella tenía la beca, yo no). El efecto Júpiter le confiere a Sagitario el mayor de todos los regalos. Le permite ser magnánimo, comprensivo y tolerante. Traducido esto en la posibilidad de mejorar su vida económica y que el tiempo sea buen aliado. Si a Sagitario le ofrecen algo disfrazado de oportunidad sin duda lo toma, busca mejorar y disfrutar las ventajas. ¿Tener lo necesario para vivir es cuestión de suerte? ¿Y lo justo, qué, el azar qué, es destino? ¿Y los beneficios de la buena suerte, son reversibles? Horacio nos presenta en sus odas la necesidad junto a la fortuna, y rodea a ambas con inflexibilidad y tenacidad. Estos últimos sustantivos no vienen en el mismo paquete jupiteriano, así que Sagitario tiene mucho que aprender, aunque los antiguos griegos remarcaban que nadie debería ser llamado afortunado hasta después de fallecer. Quizá valga la pena cerrar este capítulo recomendándole a todo Sagitario que repita las palabras *buena suerte* cada vez que se despida de alguien, para ver si deja un destello de esa suerte por el camino de ese personaje despedido. Entonces, todos nos atreveríamos a pedir *un poco más*, pues nos lo prometieron. O como dice Miguel de Cervantes: "En casa llena, presto se guisa la cena".

Hay unos datos que fueron elaborados por el Banco Mundial repartidos dentro de cada capítulo, uno por signo, con el fin de ilustrar lo poco que tienen muchos y lo mucho que tienen pocos. Para Sagitario, quien sabe sentir añoranza por los demás les informo que si redujéramos la población de la Tierra a la de una aldea con exactamente 100 habitantes, conservando las proporciones humanas existentes, veríamos lo siguiente: de esos 100, 80 vivirían en viviendas consideradas por los otros 20 como de ínfima calidad, inferiores a lo saludable; 70 de los 100 no sabrían leer y 50 estarían desnutridos.

*Verbos: ambicionar, comprar, continuar, juzgar, pelear, simplificar y sumar.*

Todos merecemos *un poco má$*, y si aprendemos a encauzar el efecto Júpiter dentro de nuestro propio cielo (en este caso el que ampara a Sagitario) para disfrutar más, compartir adecuadamente, vivir algo mejor dentro de nuestro propio espacio cósmico, tendrá más sentido *eso* que nos toca vivir sencillamente por haber nacido bajo tal o cual maravilloso, mágico y potente signo. Si esto lo asimilamos de manera positiva, podremos repetir lo dicho por una mujer sabia: "He tenido éxito en la vida. Ahora intento hacer de mi vida un éxito". Eso sí llena, y nada hay más lujoso.

# CONCLUSIÓN

Contener tu espíritu, y hacer algo agradable para ti mismo o misma DIARIAMENTE, es el secreto para que todo Sagitario alcance los beneficios que la vida le depara. Ejercita tu mente cada vez que puedas, y reacomódate con tu forma de contestar: desde un "sí", hasta un "¿por qué?" tienen su propia interpretación y Sagitario debe lidiar con el beneficio del aprendizaje.

# CAPRICORNIO

Clave
*Sin prisa*

**Del 22 de diciembre al 20 de enero**

*"El alma no encuentra en el crisol de la experiencia sino el oro vertido en él"*
H.F. AMIEL

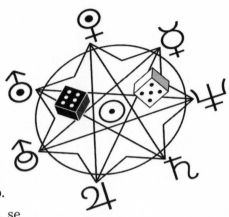

## JUGADA

C onsigue un billete de un dólar. Mira la parte de atrás y verás al lado izquierdo de una pirámide en construcción, en su punta hay un hueco. Está sin terminar. Sin embargo, se asoma un ojo (al parecer ese tercer ojo mágico que todos hemos visto alguna vez en algún lugar) dentro del triángulo, en la punta donde destella luz. Es extraño que algo tan básico y común como un dólar —pilar aparente de la economía mundial— contenga un mensaje esotérico. El ojo siempre vigilante todo lo mira, es símbolo divino de la antigüedad. Cuando el dólar fue diseñado por Benjamín Franklin y compañía (tomen en cuenta que tardaron más de cuatro años para aprobar el dibujo), Franklin (signo Capricornio) estaba convencido de que la ayuda de dios era imprescindible para todo logro. De la misma manera, esto resume gran parte de la fuerza de tu signo. Cuando te propones algo, casi no hay quien te supere. Aunque tardes, puedes obtener, aumentar y crecer a tu antojo, y poco a poco consigues más ¡y si confías en dios, mejor!

Capricornio, juega mentalmente, imagina alguna pirámide personal como tarea de meditación cósmica o metafísica. Tu poder está en cristalizar objetivos.

*"Capricornio es el alquimista de las estrategias."*

*"Nadie, entre los doce signos, sabe aguantar más o esperar su turno, mejor que tú."*

El billete que has elegido como talismán debes cargarlo en tu billetera, es tu amuleto con una visión integral adquisitiva.

No necesitas más, pues el cielo y sus mitos te dieron un manual propio simplemente por ser Capricornio y esto te favorece, así tenga que ver con el mar, los negocios (en especial los que necesitan petróleo), el arte y los deseos recónditos relacionados o no con la filantropía. ¡Tú sabes qué hacer con el éxito! A veces exageras, pero sabes repartir y ayudar a quien lo necesita. Con dureza. Por eso, escucha las palabras del banquero Rothschild (con tu dólar bien guardado en el bolsillo): "Un banquero es un hombre que presta a otro hombre el dinero de un tercero".

# CAPRICORNIO Y LOS VALORES

*"Capricornio puede enseñarle a cualquiera dónde encontrar su muy personal remanso de paz."*

Si reuniéramos a los cien personajes más ricos del momento en cada país, probablemente muchos de ellos (esto es tan comprobable como los porcentajes presentados en la televisión cada noche después de las noticias) sean signo Capricornio. Si se hiciera una suma mundial de los cien personajes más felices de cada uno de estos parajes, el porcentaje sería muy distinto. Casi invariablemente Capricornio llega a la segunda parte de su vida pensando que el dinero definitivamente no es la felicidad. Pero los de este signo son excelentes maestros, y saben que sin dinero, el *negocio verde*, poco se puede hacer. Marx (signo Tauro, y Tauro se lleva muy bien con Capricornio) escribió que "toda teoría es gris, los negocios son verdes". En el dicho popular donde encontramos "el dinero es una relación entre producción y fuerza", sin duda fue imaginado por algún Tauro para que un Capricornio lo utilizara.

Capricornio debe anotar y recordar lo siguiente, antes del dinero (1) deben pasar las personas (2) para posteriormente obtener cosas (3). Ese uno, dos, tres, le va como anillo al dedo a Capricornio siempre y cuando no invierta los números y los desordene. Porque entonces puede venir el caos.

Capricornio se hace un favor cuando espera el momento adecuado y convierte en ventaja alguna intervención perfectamente bien organizada. Capricornio es el alquimista de las estrategias, y si logra adueñarse de su propia efectividad, convierte una simple cita en una relación eterna, o una idea en algo totalmente productivo. Lo práctico y el enfoque adecuado, son dos puntos de vista importantes para celebrar la realización de sus deseos.

Cuando escribí un libro sobre los verbos más adecuados y accesibles para cada signo, asigné para Capricornio: construir, cuidar, invertir y esperar. Hay una historia que puede servirles como ejemplo para ilustrar estas cuatro palabras mientras meditas sobre tu suerte. Se llama "El ingenio y la fortuna", atribuida a Esopo:

"Boga arriba, boga a bajo; suelta redes aquí, echa anzuelos allá..." Perdieron todo el día unos pescadores sin llevar peces a su lancha. Malhumorados y ca-

*"Capricornio, pocos realmente te conocen, y mejorar, acrecentar, aventajar, prosperar, corregir, enmendar, reformar, restablecer, robustecer, aliviar, y hacer que las cosas recobren su lugar, son asuntos dentro de los cuales puedes encontrar el milagro de la vida."*

bizbajos volvieron al atardecer, hambrientos y fatigados; de pronto un atún, perseguido en las aguas por otro pez más grande, dio un brinco y cayó sobre ellos, iba de unas manos a otras, absortos los pescadores con aquella aparición, dijeron: "fortuna nos den los dioses, que el saber poco vale a veces".

Con la simple asociación de ideas, la fábula, cualquiera —definida por el diccionario como "un cuento o narración, relato alegórico, mitológico, con alguna enseñanza o sin ella en la que, en ocasiones, los animales que intervienen ocupan el lugar de los hombres"— es para ti una vitamina cósmica, porque Capricornio tiene la capacidad de llevar su disciplina personal a grados superlativos; la fábula es para ti un medio *eficaz*, así, los de este signo orientan correctamente todos los deseos especulativos que cargan.

La alegoría generalmente se ha usado de manera relevante desde la aparición del hombre, los filósofos griegos atendieron las casualidades mágicas, las historias fantásticas, los dramas sicológicos y vieron que estos fueron construidos y desarrollados por cada civilización. Por todos lados encontramos libros, historias y obras de arte de todas las épocas.

El caduceo de Mercurio, alegoría del comercio; los cuatro reyes dragones que repartían todo lo benéfico a los chinos de antaño; los chamanes que robaban a la Luna en las antiguas leyendas de los indígenas de América. Las historias llenan la imaginación del hombre, lo ayudan a remontar el vuelo de sus sueños. Capricornio debe estudiarlas porque el ingenio y

*"Lo práctico y el enfoque adecuado son dos puntos de vista importantes para celebrar la realización de sus deseos."*

la agudeza son necesarios para este signo. Así, su destreza crece y desarrolla una erudición natural, que le permitirá tener más posibilidades para desatar los hilos de su vida y hacerse del tesoro escondido de su autenticidad.

*"Debes tomar tiempo para estar contigo mismo. Esto te ayudará a ser profundo, original y discreto."*

Construye tu propia historia Capricornio, arroja tus propios anzuelos metafóricos, invierte tu tiempo en lo que sabes hacer (como los pescadores del cuento). Capricornio, no te fijes demasiado en los plazos o el tiempo, no es tan importante, tienes años luz por delante. Dijo Alfonso Reyes: "Sólo las figuras cargadas de pasado están ricas de porvenir".

En otras palabras, acomoda tu poder constructivo para tener la oportunidad de alcanzar tus metas. La agudeza del cuento escrito hace unos dos mil años sirve como ejemplo de lo que te puede suceder si tú lo permites.

Aunque no se sabe mucho sobre la vida de Esopo, Herodoto escribió sobre él en sus *Historias*. En ellas afirma: "Esopo, contador de cuentos, vivió en la época del faraón Amasis (siglo VI a.C.). Se dice que Esopo era un esclavo y lo mencionan Aristófanes, Plutarco y Aristóteles, entre otros". Como ejemplo de Capricornio, sin lugar a dudas parece su propio signo. No lo sabremos jamás, pero su ejemplo parece arrancado del más auténtico libro de texto astrológico.

Esopo, es un personaje que pasea de boca en boca para enseñarnos a soportar, aguantar, y sobre todo, aprender algo para cuidar y construir nuestras vidas. Sus fábulas, llenas de animales que piensan y hablan, les muestran a los humanos sus predicamentos coti-

*"Antes del dinero (1) deben pasar las personas (2), para posteriormente obtener cosas (3), Este 1, 2, 3, le va como anillo al dedo a Capricornio, siempre y cuando no invierta los números y los desordene."*

dianos, ingeniosos, impresionantes y totalmente efectivos.

Para alguien nacido entre los 20 o 30 días alocados de Capricornio (fíjense bien en el año, porque varía) las fábulas, las parábolas y las historias tienen un mensaje directo sobre la identidad de Capricornio. Acabarás razonando para conquistar cualquier empeño económico y tendrás un consejo.

Te recomiendo leer algunas de las más de doscientas fábulas escritas por Esopo, puedes encontrar, comprender y aprender muchas cosas pues logran despertar estructuras míticas que tanta falta hacen para mejorar tu estilo.

Así como las manecillas de un reloj dan vueltas una y otra vez y marcan el paso de las horas, los minutos y los segundos, el zodiaco, dibujado por un astrólogo o impreso desde un programa de computación, también marca los misterios sobre el círculo. Tal y como el reloj marca una y otra vez la misma hora, el tiempo nunca es igual. En una ocasión mandaron una carta a la revista dominical del periódico español *El país*, en la que manifestaban el desagrado por la aplicación de un signo —Escorpión en este caso— como igual para todos los seres humanos. El remitente, disgustado, preguntaba si los creyentes en los horóscopos pensaban que esa predicción del año era aplicable a un niño nacido un 5 de noviembre, para cuyo signo se predecía un año especialmente animado en cuestiones de dinero: compras, gastos e ingresos. El niño en cuestión llegó al mundo en una pocilga y sus padres apenas tenían qué comer.

Todo horóscopo es una especie de reloj y aunque creamos o no en la sabiduría de sus mensajes, el símbolo que lleva es una metáfora de la vida. Así como no habrá nunca dos copos de nieve iguales (también bajo un microscopio cada uno tiene su propio dibujo, el hombre tiene huellas digitales únicas) no hay dos capricornianos iguales. ¿En otra galaxia? Quien sabe. Aquí no. De la misma manera, con un peso, con dos, con doscientos, miles o millones, aunque se compre el mismo vino (los hay desde ochenta y cuatro pesos hasta de tres millones) no se bebe del mismo vaso, ni se vacía el líquido corporal en el mismo retrete. El mismo líquido de una botella puede terminar en una misa, en una boda o en las entrañas de un alcohólico. Sin embargo, todas las botellas de un mismo año son de la misma cosecha. Cada signo del zodiaco deja una impresión en la *psyque*, en la vida individual, y cada uno de nosotros lo asimilamos particularmente; cada país tiene su propio idioma, o cada golondrina se acomoda en su íntimo verano. Ese infante Escorpión, por pobre que sea, tiene derecho a divertirse; podrá encontrar algo divertido en la calle o recibir un regalo de algún Capricornio ¿por qué no?, quizás alguno que al leer estas líneas decidió obsequiar algunos pesos. Simplemente porque el destino se juntó con el libre albedrío, bañados ambos por una predicción milenaria.

Dentro del voluminoso libro de referencias científicas de la biblioteca pública de Nueva York (*Science Desk Reference*) se encuentra bajo el rubro de "símbo-

*"Cuando te propones algo, casi no hay quien te supere, Aunque tardes, puedes obtener, aumentar y crecer a tu antojo.*

*"Construye tu propia historia, Capricornio, arroja tus propios anzuelos metafóricos; invierte tu tiempo en lo que sabes hacer."*

los y signos científicos" la referencia *los signos astro-lógicos.*

"La astronomía tiene sus raíces en la astrología, una de las ciencias más antiguas... Astrología es la relación entre las posiciones cambiantes de los planetas, el Sol y las estrellas, las características, los eventos que ocurren y el desarrollo personal que existe en la vida de cada uno. La astronomía moderna es considerada una ciencia; la astrología moderna se relega al estudio de los asuntos humanos..."

*"Si logras tener las cosas en su lugar, las estructuras que te convienen para vivir mejor caerán por su propio peso en donde más te beneficia que estén."*

En los datos elaborados por el Banco Mundial, repartidos para cada signo, se pretende ilustrar lo poco que tienen muchos y lo mucho que tienen pocos. Dice el informe: si redujéramos la población de la Tierra a la de una aldea con exactamente 100 habitantes, conservando las proporciones humanas existentes, veríamos los siguientes resultados: 70 de los 100 no serían cristianos. 30 de los mismos 100 habitantes serían de raza blanca. De este conjunto, 52 personas serían mujeres y 48 hombres, divididos en varias razas.

Capricornio, puedes integrarte, no sólo con el triunfo individual o la resolución de tus problemas, también con la creación de los caminos, marcar pasos y abrir posibilidades o verdades; si te lo permites, orgullosamente marcarás las pautas que puedan a la vez ser un ejemplo para tu propio yo, tu ego, tu persona, que siempre es personaje; y sobre todo para quienes deseen aprender contigo, es decir, los demás.

# CAPRICORNIO Y EL EFECTO JÚPITER

L a magia de capricornio no se manifiesta en primera (ni en segunda) instancia. Tarda en aparecer. Toma su tiempo. Además, los nacidos bajo este signo (muchos son incrédulos) se oponen a los designios al no creer en su comprobación.

Capricornio es disciplinado por naturaleza y le conviene saber que afirman lo siguiente: todos los hombres que construyeron las pirámides de Egipto eran signo Capricornio. ¿A quién sino a Capricornio se le ocurriría arrastrar miles, millones de piedras a través del desierto para construir una de las maravillas del mundo. La figura de la pirámide es una imagen dibujada en su propia memoria colectiva, y quien sabe si no fue de alguien nacido bajo este signo del zodiaco de la idea de llenar un triángulo imaginario antes de hacerlo realidad, con una seis millones de toneladas de piedras (hay un estudio muy serio que indica que dentro de la pirámide de Keops —construida entre los años 2589–2566 a. C. —, hay más de 2 300 bloques de piedra con un peso promedio de 2.5 toneladas cada uno).

*"Estudia las siete reglas de oro de Paracelso con cuidado: 'Ser sano, ser elevado, ser fuerte, ser bondadoso, ser superior, ser sabio y ser discreto.' Así, ni a ti ni a quienes ayudes, les pisarán la sombra."*

Las posibilidades de Capricornio, localizadas seguramente en una dimensión todavía sin vislumbrar, son la llave secreta para abrir lo que considera indispensable y algún día despertar pensando: ahora sí, *no* necesito un poco más.

*"Para
Capricornio, las
fábulas, las
parábolas y las
historias, tienen
un mensaje
directo."*

Júpiter especula para que lo dicho por Publio Sirio te pertenezca: "El tiempo gastado en reflexionar es una economía de tiempo". Por Júpiter puedes tener la seguridad, lo que te restringe, en realidad cristaliza tus experiencias.

Ejemplos de personas de signo Capricornio con deseos infantiles llevados a uso práctico abundan, voy a hablarles de una, conozco a una mujer bella, como las más bellas de este signo, ya en edad de ser abuela, recién divorciada y orgullosa de que en su vida hizo realidad el sueño acariciado desde chica: ¡ser dueña de un caballo! La dejaban montar muy poco de niña, y ahora, a pesar de varias complicaciones en su salud, se convirtió en excelente amazona; monta varias horas al día por el campo morelense. Poco a poco ha modificado su suerte. Construyó su vida de tal manera que ahora no solamente tiene varios caballos, una de sus yeguas es cuarto de milla

*Verbos: construir,
cuidar, invertir y
esperar.*

(la yegua se llama "La Güera" y la adquirió cuando nadie la quería por considerarla moribunda). Después de gastos y cuidados sanó, y "La Güera" procreó un potrillo "Corinto", con excelentes resultados. La yegua está cargada nuevamente y con su crío comienza —tal vez— un excelente negocio de caballos cuarto de milla. "El garañón" es también de raza y mi amiga ya tiene lista de espera para potros con los cuales espera aumentar su capital. *Suertuda*, le dicen, pero yo sé que se trata de la gran sabiduría de Capricornio y cuando ella lea estas líneas se dará cuenta de cuánto la admiro, no solamente por sus logros, también por el favor de dejarme seguir de cerca la fuerza de su signo, pues ella es un digno ejemplo de su Capricornio, en la mejor de sus formas; sabe hablarle a sus caballos y así mejoran su garbo y su trote. Verla ahora, en la segunda mitad de una larga vida, rodeada de sus animales (también tiene perros, pájaros y hámsters) conversando con "Agasajo", su criollo preferido, es un deleite, y saber que sus ganancias han crecido por tener buen ojo para elegir un potro ganador, es pensar también en la justicia, si uno se acurruca en los señalamientos más profundos de su signo.

*"Capricornio, cuando escuchas que 'algo' es imposible, tu genio consulta con las estrellas la posibilidad de transfigurarlo."*

Capricornio, relaciónate con las fábulas del mundo, aprende a contar lo tuyo, tus necesidades y tus proyectos, no dudes, que el tiempo está para ser festejado a la larga, contigo.

Todos merecemos *un poco má$* de lo que anhelamos y si aprendemos a encausar el efecto Júpiter dentro de nuestro propio cielo (en este caso el que abriga a Capricornio) para acomodarnos en nuestro propio espacio-cósmico pediremos *un poco má$* las veces necesarias, simplemente por pertenecer a un maravilloso, mágico y potente signo.

# CONCLU$IÓN

A todos nos llega nuestro tiempo, dijo un ex reo que pagó un dólar por la compra de un billete de lotería y se sacó el premio mayor: 74 millones de dólares.

Capricornio sabe instintivamente que de uno en uno se llega a mil, cientos de miles, un millón y millones. Por eso debe llevar como un hechizo su dólar bien guardado.

¡La comprensión y la imparcialidad son tus alfombras mágicas!

# ACUARIO

Clave
*Ventura y enseñanza en toda posibilidad*

**Del 21 de enero al 23 de febrero**

*"Tú eres todo el mundo y sin embargo
sigues pensando que aún hay más"*
HSUANG-FENG

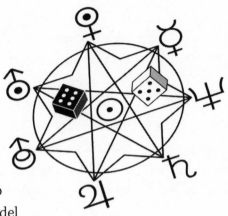

# JUGADA

No existe en el mundo un individuo Acuario que no sea rico o rica en historias, potencialidades y un sinnúmero de "quizás". Acuario es el llamado signo *ecléctico* del zodiaco y entre los términos relacionados con esta definición encontramos: mixto indefinible, adaptable, conciliador, transigente, intermediario, acomodadizo, selectivo y coordinador. Ese ser *ecléctico*, cuando pasa por la brizna de Acuario, significa también *alma intranquila*. Así, aunque Acuario es tranquilizador de otros, puede ser terror de sí mismo. En la imagen de su signo figuran dos olas, una encima de otra; ¿acaso es la imagen de las ondas en la superficie del agua, removida por el aire? Su poder sobre los hombres es conocido universalmente. La música tiene un gran impacto sobre la mente, el cuerpo y el espíritu: es un segundo lenguaje. De acuerdo con científicos y biólogos, la música incrementa la capacidad del cerebro y sus recursos aumentan la fuerza de la conexión de las neuronas. En un estudio realizado en el hospital de Baltimore, en Estados Unidos, se comprobó que se consigue el mismo efecto al tomar un miligramo de valium, que al escuchar música clásica por 30 minutos.

*"Acuario es y será siempre el signo de la liberación."*

*"Para Acuario escuchar música es como sintonizarse en la frecuencia perfecta, La música lo calma y lo centra, le permite dar, darse y repartir caminos."*

Debido a que conectan la experiencia directamente del cerebro al sentimiento, los habitantes del signo Acuario no deben dejar pasar un solo día de su vida sin darse el lujo de escuchar algún tipo de música. ¿Por qué? Porque los Acuario son inventivos, sus objetivos son de largo alcance y se encuentran repartidos dentro de todas sus actividades. Para ellos, escuchar música es como sintonizarse en la frecuencia perfecta para, posteriormente, convertir sus palabras y acciones en conjuntos productivos. Y, en consecuencia, tendrán más de lo deseado. ¡Cuidado Acuario! Si escuchas a tu intuición, podrás obtener todo lo que nunca has pensado conseguir. ¿Necesitas ayuda? Escucha música instrumental. ¿Necesitas concentrarte? La música barroca es ideal (Vivaldi, Bach, Handel). Para calmar las ansias por gratificación inmediata, escucha piano. ¿Ansiedad? La solución son los tonos bajos. Y para estimular la mente, según el musicólogo D. Campbell, no hay nada mejor que Mozart. ¿Estás ansioso? Considera escuchar las melodías de Iannis Xenakis, ya que combina la música con las matemáticas de una manera indescriptible; gotas de lluvia, parvadas de pájaros, música con raíces sustituyendo a los instrumentos. Esta música es tal como eres tú: te dices, te contradices y nos confundes.

Tu futuro está en tus manos, y aunque a veces te parezcan ajenas, en realidad son tuyas. Si alguien puede viajar en el tiempo, seguramente serás tú. Tus vibraciones conllevan premio; a menudo son erráticas y, por lo tanto, con muchos números y posibilidades

*"Si alguien puede tener el valor de una inspiración, es la persona nacida bajo el signo de acuario. Le toca escoger, intuir y reconocer; inventarse diariamente."*

a tu alcance: todo te interesa. Probablemente muchos de los ganadores de las loterías de Estados Unidos son Acuario. A esos ganadores les ayudaría tener este libro para que se enfoquen en comprar muchos discos compactos y escuchen música todo el día, o para que alquilen un estadio y se regalen su propio concierto salsero. Acuario es capaz de todo eso.

La persona de este signo también puede regalarnos tranquilidad y sosiego convirtiendo en música todo lo que roza o acaricia; hasta puede transformarlo en oro. Lo digo porque alguna vez escuché a un filósofo famoso decir que "sin música, la vida sería un error". Y Acuario, quien tiene una manera muy particular de ser, posee además un modo muy particular de gastar. La música lo calma y lo centra, le permite dar, darse y repartir caminos.

*"Acuario vive para hacer avanzar sus ideas; todo lo que tiene lo aprovecha para salir de apuros o gozar el momento."*

## ACUARIO Y LOS VALORES

Pero si era aún temprano, ni siquiera medio día: 11:20 a.m.". Realmente necesitaba *un poco más*... ¿A esto le llaman tiempo? No había dejado nada bien organizado, todo me sucedió repentinamente. Quería gritarlo, pero tenía muchos tubos en la boca. Sí. Tiempo. Tiempo para seguir viva. Por favor. Estaba en el hospital y los médicos le dijeron a mi pareja que mi caso tenía algo que ver con el famoso *touch and go*, es decir, tal vez mejoraba o tal vez no. ¡Yo escuchaba todo y era mi vida!, *un poco más* por favor. Se me taparon tres arterias y no sabían por qué, pues era bastante joven y debían injertarme uno, dos o tres *stents*. Los angiogramas no funcionaban con mi tipo de enfermedad y no podían hacerme una operación a corazón abierto por otras complicaciones aún más graves. Tampoco podían dormirme. Estaba en el extranjero y me llevaron de emergencia al hospital, me dejaron puestos los audífonos —orgullosamente comprados en el *duty free* del aeropuerto Juárez—, tenía un radio con posibilidad de sintonizar muchísimas estaciones. El escándalo que armé cuando quisieron quitármelos me valió traerlos puestos aún. Gracias a eso, nadie podrá convencerme de lo contrario: Mozart me salvó la vida.

Mozart era de signo Acuario. A los 14 años pudo transcribir la obra musical de *Miserere Mei Deus* después de escucharla una sola vez. Como era genio, recordó todas las notas de la misma, la cual fue prohibida por el papa Urbano VIII al considerarla con demasiado "poder espiritual".

La obra KV 456 de Mozart es la pieza que no me dejó morir. Mientras la escuchaba, me repetía: mi Luna en Acuario me da oportunidad de "casi" ser Acuario. El método es simplemente un paso para algún fin (que beneficia a todo Acuario). Ese "poco más" que yo pedía, era *tiempo* concedido. No hice ningún pacto con el diablo, y en mi extraño estado no hablé de minutos, días o años. Simplemente deseaba escuchar la melodía hasta el final. Ahora estoy convencida: esa acción me salvo la vida. Acuario vive para hacer avanzar sus ideas, y todo lo que tiene lo aprovecha para salir de apuros o gozar el momento. Acuario planea cómo llenar su cuenta de banco, su clóset con ropa, la estancia con libros, su pasaporte con sellos de diferentes países, el directorio con nombres de los ricos y famosos que algún día pudieran sentarse en su mesa; la lista es interminable, ecléctica.

Al escuchar música, Acuario ayuda a interpretar el significado de ser humano. Con música puede comprender las diferentes perspectivas de su yo. Al permitir a su cuerpo llenarse con frecuencias de tonos distintos, Acuario entenderá como conseguir *un poco más* de lo que realmente puede ser útil para convertirse en un Acuario mejorado.

*"Simplificar no es tu mejor palabra, pero transformar sí te pertenece."*

Alguna vez escribí un libro sobre los verbos más adecuados y accesibles para cada signo. Adivinar, enloquecer, escoger, explorar, independizar, viajar y vivir son siete acciones, entre otras, que definen la luminosidad de Acuario. A veces pierde concentración mental y esto sucede cuando no ha escuchado suficiente música. Asimismo, pierde control sobre lo que considera importante. Cada Acuario tiene, ineludiblemente, su propio *acuarionismo*; pero de todos los signos, es el que más peligro tiene de sobrecalentar sus circuitos.

*"De los doce signos del zodiaco Acuario es el único con el aura de muchas colores."*

Así como el matemático y el filósofo se aproximan entre sí en sus consideraciones sobre lo finito y lo infinito (construyen números, cuentan años luz, miden la edad del universo), el poder inherente del razonamiento de Acuario puede dominar los ininteligible: la suerte, los sentimientos, las buenas oportunidades, la imaginación, la inestabilidad de la economía, la armonía, la bolsa de valores y el verdadero valor del jitomate... Todos estos son ejemplos entre muchísimas posibilidades que abrirá la terapia que aconsejo: simplemente deben escuchar música.

*"Eres el más indicado para saber cuándo se necesita transformar un poco más o un poco menos con resultados positivos."*

Cada signo astrológico tiene un color, considerado como el protector de su aura. Los colores son vibraciones y las teorías acerca de ellos varían; desde las poéticas, escritas por Goethe, hasta las científicas que miden los minerales y la composición de estrellas lejanas por medio del espectro, el cual divide los rayos de luz en los siete colores del arco iris. De los doce signos del zodiaco, Acuario es el único con el aura de "muchos colores". Aquellos que responden a esta vibración versátil harán gran uso de ella y llenarán su vida con cosas remarcables, utilizables y benéficas. Acuario, con esta vibración puedes ver todo bajo un punto de vista variable y tienes la capacidad de mirar a tus semejantes bajo su punto de vista; el del ser que tú no eres. Si pudieras traducir esto al empleo, dadas tus variaciones económicas, notarías mucho más el color verde (es el color que representa el dinero). Ojo: el verde también es el gran maestro de la inteligencia en el mundo del color.

*"Acuario es el portador de la libertad que todo hombre desea tener, que es a su vez la misteriosa libertad que llevamos todos por dentro."*

Atrévete a escuchar la música que más te gusta e inventa la manera de enriquecerte *por medio de* o *invirtiendo en* investigación, industria aeronáutica, electrónica, medios de comunicación, viajes (cortos, largos, espaciales, especiales), computación y novedades de mercados futuros.

Para ningún otro signo es conveniente aconsejar

acciones tan directas como éstas, pero tampoco recomendaría a Acuario un libro para encontrar sus afinidades o los conceptos que puedan mejorar su tren de vida. Tú sabes que cada persona es rey o reina en su propio territorio y, con la calma ofrecida por la música, encontrarás la forma de coronar a aquellos que te interesan.

¡Buena suerte!

# ACUARIO Y EL EFECTO JÚPITER

Acuario, para reconocer tu propio centro de gravedad y acomodar tus frecuencias a tu gusto, primero debes aprender algo sobre rayos cósmicos. Todo lo concerniente a fotones de energía te pertenece y por eso tienes tanta capacidad para hacer montones de bienes de manera distinta, fuera de lo normal y particularmente tuya. Rayos X, rayos gamma, luces ultravioletas, microondas, partículas de átomos, radiaciones... Al parecer, todos estos conceptos no se relacionan con ganancias o pérdidas, pero simplemente con abrir los ojos y ver, abarcas todos los rayos cósmicos: al observar el cielo, tomar una foto, ver la tele, escuchar la radio o apreciar efectos especiales en una película, sentado cómodamente en la sala de cine. Es decir, tu particular manera de ser te permite ver todo bajo un punto de vista incontrolable y si te encuentras un desfogue, tal vez estrafalario, notarás claramente cómo acomodar

*"Siempre a la búsqueda de su propia identidad, los acuarianos y acuarianas raramente pasan desapercibidos."*

tus bienes y servicios, por peculiares que sean. Perteneces al signo indicado para averiguar por qué razón las 68 mil personas que ganan millones al año (en Estados Unidos) tienen esa suerte, y cómo es posible que los millones restantes tengan un promedio anual de menos de 20 mil. Eres quien puede divertirnos al desenmascarar los mil quinientos *wallstreetereanos*. Podrías compartir equitativamente tu intuición sobre cuál de los 241 jugadores profesionales de béisbol apostar. Sabes interpretar estilos, reacomodar una imagen corporativa y transformarla en algo personal. El hecho de tantos reciban tan poco te preocupa. Y si este no es el caso, has vivido en un *acuariano* error. El hecho real de que en uno de los países más ricos del mundo existan el mayor porcentaje de niños desatendidos es algo relacionado contigo, Acuario. Eres el más indicado para mirar a través de tu visión cósmicamente pura, para saber cuándo se necesita transformar un poco más o un poco menos con resultados positivos. Simplificar no es tu mejor palabra, pero *transformar* sí te pertenece.

*Verbos: adivinar, enloquecer, escoger, explorar, independizar, viajar y vivir.*

La ignorancia no deriva en razón, pero mientras más analices, más razón tendrás; todo será tuyo, no solamente *un poco más*. Además (siempre hay *un poco más*) cuando de estrellas se trata), Júpiter te confiere éxito en tus objetivos, si los identificas con precisión.

Eso se traduce también en dinero; podrás contar siempre con tus amigos y, cuando no te encuentras a gusto, cambiarás de giro. Júpiter siempre estará dispuesto a ayudarte.

Todos merecemos *un poco má$* y, si aprendemos a orientar el efecto Júpiter dentro de nuestro propio cielo (en este caso, el que abriga a Acuario), para acomodarnos en nuestro propio espacio-cósmico, geográfico e individual con la consigna de *un poco má$*, los nacidos bajo este maravilloso, mágico y potente signo disfrutaremos de una merecida fantasía real.

## CONCLU$IÓN

L as mejoras en el mundo que te rodea, tanto personales como en general, son los puntos de apoyo que te lanzarán a ese poco (o mucho) *má$* que tanto deseas. Acuario no debe nunca limitarse, y si te acuerdas de escuchar el tipo de música que más te gusta, los únicos límites que encontrarás son aquellos que tú mismo o misma te pones. Mejoras siempre y cuando tus acompañantes hagan lo mismo.

# PISCIS

---

Clave
*Intensidad múltiple*

**Del 20 de febrero al 22 de marzo**

*"Lo que más valor tiene en este mundo no son
los derechos, sino los privilegios"*
H.L. MENCKEN

---

# JUGADA

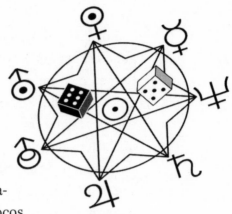

Para Piscis la realidad indica muchas cosas. Así, la frase "debo creerlo: ya lo logré" fácilmente puede ser la clave de este signo perfectamente idealista. Conozco pocos Piscis que no juegan la lotería, aunque esto no tiene nada que ver con su visión del gran juego de la vida. Porque a Piscis (salvo en su relación con Neptuno, que siempre le regalará algo ilusoriamente fabuloso para sus estrategias) no le va ni bien ni mal en el juego; eso depende de cada quien y no tiene que ver con ningún signo en especial. Cuando los Piscis juegan, creen o presienten que van a ganar. Por lo tanto, sus sueños pueden hacerse realidad si persisten: pagarán sus deudas o le mostrarán al mundo que "ya la hicieron". Raras veces sucede y, aunque ganarán muchos millones, no cambiarán su manera de ser. A pesar de esto, Piscis es el más sagaz de todos los signos, quizá por ser el último del zodiaco y porque necesita tener una súper dosis de credibilidad para alentar a los otros signos a seguir sobre la Tierra, darles tiempo para mirar hacia arriba, pedir cosas, disfrútalas o soportar las vueltas y las circunstancias venideras. Uno por uno, generación tras generación: Aries, Tauro, Géminis, Cáncer, Leo, Virgo, Libra, Escorpión,

*"Piscis es el mejor traductor de la vida real."*

*"Piscis es el pivote, finaliza el arco del cielo zodiacal y nos da el paso o el visto bueno para recomenzar."*

Sagitario, Capricornio y Acuario siempre volverán a aparecer.

Los Piscis nos cobijan y, aunque Pubilus Sirius alguna vez dijo que "sólo el dinero pone al mundo entero en movimiento", la bóveda celeste tiene mucho que ver en ello. Piscis lo sabe y tal vez esa sea la razón por la que tradicionalmente se le ha adjudicado una intensidad múltiple que lo acompaña durante la mayor parte de su vida. Nos acongoja y se acongoja. Y cuando nos acongojamos, Piscis sabe cómo atenuar el malestar. Michel Guaquelin encontró que Piscis tiene menos oportunidad de sacarse la lotería que los demás signos. Por supuesto, tiene grandes oportunidades de conseguir su "montón en maceta de oro" de otros modos y, si piensa en pesos, no tiene de qué preocuparse: Gloria Vanderbilt, Rupert Murdoch y George Harrison (todos multimillonarios) son de este mismo signo.

Linda Goodman, reconocida astróloga, dice que la filosofía pisceana está representada por la frase "no quiero ser millonario; simplemente quiero vivir como tal", ¿tendrá razón? Quizá cada Piscis deba responderlo en privado y para sí mismo. Yo pienso que les queda infinitamente mejor lo dicho por Albert Einstein, también Piscis: "Los ideales que alumbraron mi camino y me dieron ánimo para vivir fueron el bien, la belleza y la verdad". Piscis se toma los sentimientos humanos muy en serio, aunque puede emplear ambas frases según la ocasión y aprovechar, a la vez, esa impresionante y magnífica dualidad de su signo. Hay ciertos patrones que, si

*"Dicen que los pies son la parte que astralmente le corresponde a los habitantes de este signo, y esto es importante, pues los pies son lo que mantiene a todo humano sobre la faz de la Tierra y así mantiene una conexión directa con la solidez."*

bien no son únicos, funcionan en todo signo astrológico, de la misma manera en que funciona el pronós-
tico del tiempo: se puede predecir si lloverá, pero si
nos mojamos o no, es cuestión particular.

Piscis déjate llevar por tu signo como amuleto, talismán, fetiche, conjuro o hasta como medalla: te
hará mucho bien. Te aseguro que aprenderás a gozar
tu "ahora sí: le di al clavo", y te sucederán mejores
cosas aún. Sí, sí, sí, compra un billete diario. De lotería, de ráscale, del supermercado, rifa o tómbola.
Llévalo en la bolsa, pero no como prenda ganadora,
sino como sortilegio.

## PISCIS Y LOS VALORES

R ecientemente escuché las noticias por la radio,
en voz de un locutor que estaba seguro de ser
signo Acuario. Me dio su fecha de nacimiento y, por
el año del mismo, supe que en realidad es Piscis. Por
su tono de voz se le escuchaba bastante conmovido
cuando repetía porcentajes devastadores de aquellos
que tienen tanto, y de los que sólo son dueños de
una esperanza y, a veces, ni siquiera de eso. Él aún no
sabe que es Piscis, pero su emoción lo delató. Piscis,
el signo más receptivo al dolor humano, diariamente
siente la carga del dolor ajeno y frecuentemente hace algo al respecto. Hace poco supe de una gran
amiga, quien a pesar de haberse internado dos meses en el hospital debido a una grave enfermedad

*"Dos peces que
nadan en sentido
opuesto forman
tu símbolo visual,
tu dualidad es
inherente."*

(fue operada y se sentía deprimida), llamaba por teléfono dos veces por semana (como era su costumbre) a una señora de edad muy avanzada que vive
sola. "Para mí", confesó la anciana, "esas llamadas
son el sol de mi vida". Para mi amiga (que es Piscis) el
costo de la llamada de larga distancia no tenía importancia. Este tipo de actitud no es exclusiva de
Piscis, pero la intensidad de llevar dos vertientes en
su ser, sí lo es. Por ello, los Piscis, deben unir historias: un billete de lotería puede salvar tu suerte;
acompáñalo con una acción bondadosa todos los
días. Tu mundo girará mucho mejor.

Piscis debería ahorrar algo con regularidad absoluta: centavos, piezas de oro, frijoles, semillas de flores o lo que pueda; las cantidades poco importan. La
calidad y el hecho mismo son el propósito de su acción. Asimismo, debería poner una cierta cantidad
de algo en algún lugar, cada 24 horas.

Piscis carga las culpas del mundo. Por ello, es interesante citar que el Banco Mundial elaboró una
serie de datos ilustrando porcentajes internaciona-
les. Uno de estos informes dicta que, si redujéramos
la población de la Tierra a una aldea con exactamente 100 habitantes, conservando las proporciones
humanas existentes; quien haga dinero depositado
en algún banco, otro tanto en su monedero o billetera
y cambio guardado en un lugar visible de su casa o
en su oficina (un platito de monedas para las propi-
nas, cigarros o el periódico) forma el glorioso porcentaje de ocho por ciento de suertudos del planeta.
Sólo ocho personas de cada 100 que caminan por las

*"Piscis, casi
siempre, vive
varias versiones
de las mismas
cosas."*

calles, trabajan en el campo, laboran en oficinas, se suben a escenarios, se rascan la barriga mientras descansan en la hamaca, asaltan a un transeúnte o realizan una tarea. Ese mínimo porcentaje tiene suficiente dinero para guardar bajo el colchón o tener *un poco más* a la mano. No menciono esto para que Piscis se sienta mejor ni peor. Esta información debe servirle para tomar medidas personales, fijar sus propios trucos cósmicos; para nutrirse y ayudarnos a perdurar. Un Piscis contento tiene la capacidad de aliviar a diez, cien o mil individuos. Démosle ventaja a Mr. Greenspan quien estuvo a la cabeza del gran barril sin fondo por haber nacido bajo este signo. Si Piscis tiene el don de absorber inconscientemente lo negativo, tal vez el único error de este pisceano fue haber sido director de la banca central estadounidense (Federal Reserve) durante 18 años y diez meses (designado por los presidentes R. Reagan, George Bush, Bill Clinton y G.W. Bush), y vivir demasiado pegado al dinero. Piscis es paradójico y, si logra convertir una esperanza (como lo relativo a la lotería) en juego sin importancia (descubrir su número en la lista de ganadores), podrá construir lo que quiera, elaborar cualquier plan y reconfortar a muchísimas personas.

Los ingresos de los diez hombres más ricos del mundo superan el dinero manejado en los 48 países más pobres; ¡30 por ciento de los habitantes sobre la Tierra viven con menos de un dólar al día, mientras otro tanto igual vive con dos dólares diarios! He estado en lugares donde una simple bolsa de plástico

*"Piscis es aquel que es uno con todos los otros, el hermano del hombre. El que sabe que cualquiera puede."*

*"Piscis es el signo que mejor sabe que los cambios siempre serán los mismos: el compromiso real viene con nuestros propios sentidos."*

del supermercado es una pieza tan valiosa y codiciada, que incluso puede salvarle la vida a alguien. No exagero. El gran espectáculo del mundo, para quien tenga un poco de tristeza en el alma, se resume en un solo libro, que todo Piscis debería consultar. Al abrirlo dice: "Este es un cosmos literario, incluye poesía, medicina, psicología, filosofía, chismes de lavandera, filología, guerras, cuentos antiguos, teología, moral, historia, climatología, comida, viajes, amor, odio, ambición, orgullos, astrología, arte, política y utopías varias". Se llama *Anatomía de la melancolía*, escrito por Robert Burton (1577–1640), quien gozaba de tener el planeta Mercurio en Piscis. Mercurio, considerado como el fuste de la mente, en Piscis tiende a repartir energías entre temas muy variados, éxito en materia de comunicación y literatura, perseverancia y la necesidad de creer en sí mismo tanto como en los demás. Puede tender a la melancolía.

*"Con Piscis a tu lado encontrarás placer divagando al puro azar."*

Al consultarlo, Piscis encontrará una gran riqueza para sus dudas, y enfocará sus asuntos de tal manera que mejorará todos los aspectos de su vida.

Piscis necesita un derroche imaginativo para reacomodar su bienestar. Con eso, sin lugar a dudas, alcanzará aquello que algunos llaman felicidad; otros, tranquilidad y otros, simple satisfacción momentánea.

Un poco más de lo que Piscis quiere (y si lo quiere, lo necesita) tiene mucho que ver con su propia imagen y las habilidades para usarla. "Los hechos son cosas tercas. Es mejor ser feliz que sabio", afirma

Burton, y luego cuestiona: "Al ver una cubierta, para qué preguntar qué es lo que esconde... tantos hombres, tantas mentes; lo que uno condena otro recomienda". Piscis puede resolver con sus propios bienes las vicisitudes que surjan, sean chicas o sean grandes.

Según Burton, "un hombre es un milagro de sí mismo" y Séneca pudo haber contestado: "Cuando quiero desahogarme con algún hombre simple, medito sobre mi mismo y ahí lo tengo". ¿Solución a tus conflictos, Piscis? Sigue la corriente. Aunque pudieras sentir que los bienes son un eterno flujo de energía, algo siempre será mejor que nada. Y si *ese algo* te parece muy poco, tú tienes el don de repartir lo necesario. Seguramente la primera persona que "le echó más agua a la sopa" era Piscis. Pero cuidado; también eres capaz de repartir tus deudas de tal manera que aparezcan como pequeños montones duraderos: éstos fluctúan y parecen generarse hasta convertirse en el único que ve en Júpiter (ese gran benefactor) a un ser que te aporta rayos y truenos en lugar de bienestar. No te preocupes demasiado; esto sucede de vez en cuando y, si Burton dice que hasta las mismas musas se nutren de la melancolía "cuando han cometido excesos", entonces *un poco más* de algo indebido siempre te consolará.

*"Piscis, pausa enigmática del zodiaco, si a alguien pertenece el destino es a ti, porque lo trasciendes."*

# PISCIS Y EL EFECTO JÚPITER

Alguna vez escribí un libro sobre los verbos más adecuados y accesibles para cada signo, con el pretexto de comprobar que cada signo astrológico tiene su propio idioma. A Piscis le tocaron, entre otros, soñar, idealizar y escapar; también regresar, servir, firmar y amar. Se preguntarán por qué el honor del verbo amar a Piscis, si ya lo usamos en el capítulo de Libra, resulta que en el idioma de Piscis, esta acción les permite no perder el hilo.

*"Piscis puede ayudar a quien quiera a conseguir imposibles."*

Júpiter le regala a Piscis el amor para salvarse. Y, si piscis pierde el hilo, puede sentir la profundidad de su desamparo, y sentirla con tal magnitud que no habrá peso, objeto, palabra, compromiso, jugada o trato capaz de ampararlo. "Miren hermanos, ¿acaso escogió dios a los pobres de este mundo para hacerlos ricos en fe? ¿No será para ellos el reino que prometió a quienes lo aman? (Santiago, 2–5). Divaguen, Piscis, y crean en lo que puedan, pero con fe, y esto no necesariamente tiene que ver con religión. El símbolo del pez fue usado como sigla secreta para que los cristianos se revelaran como tales cuando no era permitida la práctica del cristianismo. A lo largo del tiempo, el pez ha llegado a tener connotaciones de embelesamiento del yo por el todo. Piscis nace con la capacidad de propagar este sentimiento y darnos mucho más de todo, con una mar de lágrimas o de palabras emotivas, significativas y necesarias.

*Verbos: soñar, idealizar, escapar; también regresar, server, firmar y amar.*

Tu signo crece y se sincroniza con el caos y los

líos. Neptuno, tu regente, y Júpiter, siempre protector, te ayudan a salir bien librado de cualquier confusión. Esto puede ser tan certeramente cínico como escoger siempre a un Piscis para visitar la bolsa de valores, pues aunque no esté seguro de todos los movimientos, nos enseñará suficiente con la improvisación. Además los Piscis tienen una gran capacidad para presentar negocios innovadores. Pregunta Burton en su capítulo "La fuerza de la imaginación", ¿por qué Paracelso, Cardan, Mizaldus, Valleriola, Campanella y muchos otros filósofos ponderan sobre la posibilidad de que la imaginación convincente de uno mueve, conmueve y altera el espíritu del otro? Y contesta: "Quizá sea por la fuerza de la imaginación de las mismas estrellas que lo acompañan (al espíritu); cuyo timón es nuestro camino, siempre y cuando nuestra razón lo dirija". Si Piscis pudiera traducir esto a su propio idioma, no tendría más que preguntarse si cuando uno ve las estrellas en el cielo, las estrellas también nos miran a nosotros.

*"Piscis es quien puede hacerle saber a los demás que la paz sí existe."*

Tal vez Piscis pueda contestarnos y lograr con eso lo que desee; o indagará mientras hace sus ejercicios cósmicos (lotería y lecturas melancólicas) para entender cuánto debemos tomar directamente, con las manos. El efecto Júpiter de Piscis está a la vuelta de la esquina, todos los días. Reparte oportunidades en su camino y, por el simple hecho de ser Piscis, puede aprovecharlas. En negocios, en compra o venta y en la política, simplemente debe mirar la proyección de su propia imagen y maniobrar con las habilidades propias.

Todos merecemos *un poco má$*, lo que sea nuestra voluntad, y si aprendemos a canalizar el efecto Júpiter dentro de nuestro propio cielo (en este caso el que ampara a Piscis) para acomodarnos mejor en una manera personal de contemplar nuestros deseos, cualquier extra será mucho más aprovechable. ¡Qué dicha gozar eso que nos toca vivir, sencillamente por haber nacido bajo tal o cual maravilloso, mágico y potente signo! Al comprender esto, además de disfrutarlo, siempre aprendemos *un poco más*. James Baldwin dijo algo perfecto al respecto: "La gente paga por lo que hace y paga todavía más por aquello en lo que se ha dejado de convertir. Y lo paga de manera sencilla: con su propia vida".

## CONCLU$IÓN

Hay momentos en la vida de Piscis en que goza aún más con planear, de lo que goza al tener en la mano. A veces esto es bueno, pero en otras ocasiones no es lo mejor que puede pasarte. Tener más tiene que ver con tu vida íntima, y un adecuado autorreconocimiento es imperativo. Los negocios pueden ser muy beneficiosos en pequeña o gran escala. Atrévete a comprar. Atrévete a gozar.